GOTTFRIED LUTZ

„normal behindert"

Situationen – Fragen – Einsichten – Erfahrungen

Mit einem Vorwort von Konstantin Wecker
und einer Nachlese von Dr. Kathrin Asper

Manuela Kinzel Verlag

Impressum:

Manuela Kinzel Verlag

73037 Göppingen * 06844 Dessau
Tel. 07165 / 929 399

info@manuela-kinzel-verlag.de
www.manuela-kinzel-verlag.de

3. Auflage 2014
©Alle Rechte vorbehalten.
Manuela Kinzel Verlag

ISBN 978-3-937367-81-1

Mir fällt nichts ein,
sondern etwas auf.

Alfred Hrdlicka

INHALTSVERZEICHNIS

ANGEBORENE UND ERWORBENE BEHINDE-
RUNGEN, UM DIE ES IN DIESEM BUCH GEHT

SITUATIONEN – FRAGEN – EINSICHTEN –
ERFAHRUNGEN

Vorwort

Denke ich über Vorurteile gegenüber Menschen mit Behinderung nach, fällt mir meine liebe, leider vor ein paar Jahren verstorbene, glasknochenkranke Freundin Anette Albrecht ein, die unermüdlich für das BIBEZ in Heidelberg aktiv war und sich nie unterkriegen ließ. Dann beginne ich diese windschlüpfrigen, fehlerlosen, geschniegelten und gnadenlos durchgestylten coolen Beautys zu bedauern. Ihnen fehlt genau die Aura, die so jemand wie Anette umgab. Sie können nur glänzen, nicht strahlen. Wenn man nicht nur glänzen will, sondern auch noch was zu sagen hat — siehe da, schon beginnt einen Ungewohntes zu fesseln und Fremdes wird plötzlich ganz vertraut. Das galt für die Arbeit von Anette, das gilt für die Texte in diesem Buch.
Mir fällt dazu auch die achte Elegie aus meinem Zyklus „Uns ist kein Einzelnes bestimmt" ein:

Nur den aufrichtig Liebenden
wird es gelingen zu hören,
zu schauen drüber hinaus,
mit den Herzen zu greifen.
Seht doch,
wie ihre Wirklichkeit fern ist
von all dcm Getön und Getue,
wie wir sie neiden.
Weil sie uns fremd sind, haben wir Angst,
schelten sie einfältig oder verblendet,
ach, weil wir alles viel besser verstehen
und in Büchern belegen
mit Kriegen beweisen.

7

Aber die aufrichtig Liebenden
wandeln den Menschen voran.
Ihnen allein
muss nicht der Menschheit Blut
Wahrheit und Dasein bezeugen.
Sie allein
müssen sich nicht übersehn
um gesehn zu werden.

Konstantin Wecker

Vorwort

Auffällig sind vor allem die Rollstühle. Wenn von Behinderten[1] gesprochen wird, sind meistens Rollstuhlfahrer gemeint. Da sieht man etwas und kann sich (vielleicht) etwas vorstellen. Sind die „normal behindert"? Mit Blinden ist es ähnlich. Man muss nur die Augen zumachen. Zwar weiß man dann noch lange nicht, wie es für den Blinden ist, blind zu sein; aber man bekommt eine Ahnung davon, wie es ist, nichts zu sehen. Meistens erzählt dann jemand von einem Blinden, der trotzdem ganz alleine mit seinem weißen Stock zurechtkommt. Ist der dann „normal behindert"?

„Normal behindert" gibt es nicht. Es ist ein „Oxymoron", eine „scharfsinnige Dummheit", eine Zusammenstellung von zwei Worten, die sich reiben, die nicht zueinander passen, über die man entweder lachen oder die Reibung knistern lassen kann, bis sie Funken schlägt. Dem Kollegen, der bei einer Besprechung diesen Begriff wohl unabsichtlich geprägt hat, bin ich dankbar, dass er mir damit eine „Vorlage" für dieses Vorwort und den Titel des Buches gegeben hat.

---

[1] Korrekt wäre es, statt von „Behinderten" immer von „Menschen mit Behinderung (MmB)" zu sprechen. Da ich solche Wortungetüme nicht mag, erkläre ich von vornherein, dass ich alle weiblichen und behinderten Wesen, die in diesem Buch vorkommen, grundsätzlich für Menschen halte und als solche achte, auch wenn ich nicht immer von BewohnerInnnen und MmBs spreche.

Denn darum geht es in diesem Buch:

- ob es wirklich „normal ist, verschieden zu sein"
(R. v. Weizsäcker),

- wie der normale Alltag eines Behinderten aussieht,

- wie normal (Noch-)nicht-Behinderte mit ihren behinderten Mitmenschen umgehen und umgekehrt,

- wie wenig klar es ist, was bei einem Menschen sozusagen „normal" zu ihm gehört und was eine Folge oder Begleiterscheinung seiner Behinderung ist.

Aber wollen Sie das alles wissen? Oder schauen Sie schnell woanders hin, wenn Sie mir begegnen, um mich nicht zu verletzen und von mir nicht beunruhigt zu werden?
Die alltäglichen Begegnungen, also das Unbeabsichtigte am Rande, sind im Positiven wie im Negativen viel interessanter als die Sonntagsreden: die Verkäuferin, die meine Frau fragt, ob mir die Krawatte gefällt; der Zugbegleiter, der den Rollstuhl meiner Kollegin in den Wagen hochstemmt und ihr dann ein Bonbon schenkt – sie ist promovierte Leiterin eines Instituts; der Freund, der mich fragt: „Kann ich dir helfen?", weil er weiß, dass ich selbst machen will, was ich selbst machen kann; die Ärztin, die mit Rücksicht auf meine Schwerhörigkeit langsamer, deutlich und mir zugewandt spricht – länger als die üblichen drei Sätze – und meine anerkennende Bemerkung lachend quittiert: „Für mich ist es ja auch einfacher, wenn Sie mich verstehen." Dialog auf „Ohrenhöhe".
Nein, es erwartet Sie keine Anekdotensammlung. Ich möchte meine alltäglichen Erfahrungen reflektieren und verbinden mit

dem, was ich als Theologe und als Psychotherapeut mit einer Ausbildung nach C.G. Jung weiß. Es geht um Erfahrung, nicht um richtig oder falsch. Ich gehe von mir aus und möchte Brücken schlagen zu Ihnen, möchte Ihnen „auf dem Weg der Nicht-Diskriminierung ein paar Schritte entgegenkommen"[2], wie ich das in einer früheren Thesenreihe formuliert habe. Und ich hoffe, dass dabei deutlich wird, wie viel von dem, was den Umgang mit Behinderungen betrifft, ganz allgemein menschliche Fragen sind. Und oft sind es deshalb eben auch theologische, will sagen: an den Glauben rührende Fragen. Dass ein Mann nicht weinen darf, dass Gott immer ein „lieber Gott" ist, dass wer krank ist, auf „gute Besserung" ein Anrecht hat – für mich als Mensch mit Behinderungen sind sehr viele Selbstverständlichkeiten nicht mehr selbstverständlich. Und, weil einer mit einer Behinderung sich nicht mehr so sehr um sein Ansehen bemühen muss – „Den Luxus kann ich mir nicht mehr leisten", sagt meine Kollegin Hella aus S. 70 kann man als Mensch mit Behinderungen auch offener zu seinen Schwächen und zu seinen Stärken stehen.

Ich habe mir vorgenommen, ein Buch über meine Erfahrungen mit Behinderungen zu schreiben: also kein reines Sachbuch, aber eben auch nicht ohne Sachverstand, persönlich, aber nicht indiskret, subjektiv, aber mit Augenmaß. Nach der Lektüre einiger Seiten zitierte einer meiner Söhne seinen Kollegen Hans-Josef Lembeck: „Auf eine bestimmte Weise hinzuschauen, heißt immer auch auf eine bestimmte Weise wegzuschauen." Das ist wohl wahr, und er hat auch mit seiner Bemerkung Recht, ich würde hier immer nur als Mensch mit Behinderun-

---

[2] Gottfried Lutz, Veronika Zippert (Hrsg.), „Berufen wie Mose"

gen in Erscheinung treten und viel zu wenig mit anderen Seiten und Qualitäten, die auch noch zu mir gehörten. Dass dieses Buch kein vollständiges Bild von mir zeichnet, liegt am Thema. Schließlich will ich keine Biographie schreiben.

Ich wünsche mir Leserinnen und Leser, die sich zum Nachdenken, zum Staunen und zum Fragen anregen lassen. Und ich widme dieses Buch meiner Frau Magdalene und meinen Söhnen Mark Stefan und Tilman Sebastian Lutz, die mir freundlich und geduldig, liebevoll, aber manchmal auch energisch über viele Schwierigkeiten hinweghelfen.

Gottfried Lutz

ANGEBORENE UND ERWORBENE BEHINDERUNGEN, UM DIE ES IN DIESEM BUCH GEHT

Lähmung des linken Arms (Plexus-Parese)

Ich bin im Mai 1944 geboren. Medizinische Hilfe war im letzten Kriegsjahr rar für einen, der den herrschenden Idealen von heldenhafter Männlichkeit ganz offensichtlich nie entsprechen wird. Der Appell der „Reichsfrauenführerin", die deutschen Frauen sollten mehr Kinder kriegen, an meinem Geburtstag, dem Muttertag, galt nicht für Kinder wie mich. Immerhin, man ließ mich leben. Ich erinnere mich, dass meine Mutter, als die Familie von der Evakuierung aufs Land wieder in Stuttgart zurück war, mit mir in dunklen Straßenbahnen, deren kaputte Fenster mit Pappdeckeln zugeschustert waren, quer durch Stuttgart zur Behandlung gefahren ist. Aber das war nicht zu vergleichen mit dem, was man heute tun würde. Und ich war von der Behandlung mit Stromstößen, einschneidenden Schienen und mühsamer Gymnastik keineswegs begeistert und von täglichen Übungen zu Hause noch viel weniger. Das kann man unter Faulheit oder Bequemlichkeit verbuchen – ich bin kein Held.
Aber es gibt auch einen tiefer liegenden Grund dafür. Alle Therapeuten, ob Physio-, Psycho- oder sonst etwas vorne dransteht, arbeiten auf Veränderung und Verbesserung hin.

13

Etwas unfreundlicher ausgedrückt: Sie wollen und sollen unsere Fehlhaltungen und -entwicklungen korrigieren. Deshalb suchen wir sie ja auf. Und gleichzeitig erleben wir das nicht nur als hilfreich und heilsam, sondern auch als beschämend, als übergriffig und als Angriff auf unsere Eigenständigkeit. Ich war sehr erstaunt,

als ich dem Orthopäden, der meinen Eltern zu einer Versteifung meines linken Schultergelenkes riet, in einem Aufsatz[3] begegnete, in dem er schrieb, er würde solche OPs heute weit seltener machen – die Behinderten wüssten sich oft selber besser zu helfen.

Ich bin als Querlage geboren. Dabei können eine ganze Reihe von unliebsamen Komplikationen auftreten. Zum Beispiel eine „Erbsche Lähmung" oder auch „Ple-

---

[3] Walburga Freitag, „Von orthopädischer Ordnungs-Macht an unordentlichen Körpern und biographischem Eigen-Sinn" in Widersprüche Nr. 94, Dez. 2004, S. 49. Dieser Aufsatz ist durchgängig so interessant zu lesen, wie sein Titel verspricht!

xus-Lähmung", wenn der Arzt das Kind bei der Geburt drehen und herausziehen muss und dabei Nerven geschädigt werden, so dass eine Schulter mit Arm und Hand gelähmt werden. Heute kommt das kaum noch vor.

Es ist mir schon passiert, dass ein Arzt, der mich noch nicht kannte, seine Mitarbeiterinnen zusammenrief, um endlich einmal diese Seltenheit im Original zu zeigen. Original stimmt nicht ganz, denn ich wurde ja mit 14 Jahren operiert; das linke Schultergelenk wurde versteift, wodurch der Arm in eine für viele alltägliche Handlungen geschicktere Position gebracht wurde. Dass mein linker Arm kürzer und weniger kräftig ist, kommt davon, dass ich ihn von Anfang an zu wenig benützt habe. Wie sollte ich auch?!

Ich bin aufgewachsen mit dem Gefühl: **„Ich bin anders als die anderen, aber ich bin, wie ich bin."** Auch heute noch kann ich mir mich selbst nicht mit zwei gleich starken und gleich großen Armen und Händen vorstellen. Der gelähmte Arm gehört zu mir und meiner Normalität, ist irgendwie selbstverständlich, auch wenn er gelegentlich stört. Inwiefern? Ich kann mit der linken Hand fast gar nicht loslassen, aber ein bisschen besser festhalten; ich konnte nicht richtig auf allen Vieren krabbeln oder laufen; ich habe erst sehr spät (und auch nur mit bescheidenem Erfolg) schwimmen gelernt; ich kann auch nicht Klavier spielen, was bei unserer musikalischen Familientradition weit schlimmer war, als im Freibad oder auf dem Fußballplatz keine gute Figur zu machen. Alles, wozu man zwei intakte Hände braucht, fiel in die Kategorie: „Das kannst du nicht. Lass mich mal!" oder: „Das kann der Gottfried nicht wegen seinem ‚Ärmle'." Das ist die eine Seite. Die andere: Ich habe inzwischen 68 Jahre Übung darin, vieles mit einer Hand zu machen, wozu andere zwei Hände brauchen. Ich bin lange Jahre ohne einen ernsthaften Unfall Auto gefahren. Ich bin wahrscheinlich manchmal eher einseitig als andere, weil ich nie wie ein Schlagzeuger mit zwei Händen zwei verschiedene Rhythmen trommeln musste. Aber ich habe Übung darin, zu sehen, wie man etwas auch noch anders machen oder erst mal probieren kann.

Das klingt jetzt vielleicht wie eine ausgeglichene Gewinn-und-Verlust-Bilanz und so, als wäre das innere Gleichgewicht ein Kinderspiel. Das ist es aber nicht. Wenn ich mich mit anderen vergleiche, kommt zum ersten Satz noch ein Nachsatz dazu: **„Ich bin anders als die anderen, aber ich bin, wie ich bin. Und ich bin anders, als ich sein sollte oder wollte."** Das wird in der Pubertät wohl unausweichlich zum Problem, wenn anders zu werden oder anders zu sein der größte Wunsch und gleichzeitig die größte Angst ist.

Ein ganz anderes, wenig beachtetes Problem ist die einseitige (Über)belastung der rechten Hand und der höhere Verschleiß. Dies kommt bei mir erst jetzt deutlich zum Vorschein, wo alles durch den Morbus Parkinson sozusagen noch multipliziert wird.

Schwerhörigkeit

Dass ich schwerhörig sein könnte, kam mir zum ersten Mal in den Sinn, als ich in Bonn studierte. Mein Zimmer lag im Halbparterre und hatte keine eigene Klingel. Deshalb pfiffen meine Freunde „unsere" Melodie vor dem Fenster, dass ich ihnen die Tür öffnen soll. Oft hörte ich nicht das Pfeifen, sondern das antwortende Gebell des Dackels meiner Vermieter, schaute zum Fenster raus – und wusste, was los war. Auf die Frage: „Sag mal, hörst du schlecht?" antwortete ich irgendetwas wie: „Nur, wenn ihr so leise pfeift" oder: „Dass Hunde besser hören als Menschen, ist ein alter Witz."

Man unterscheidet:

Schallleitungsschwerhörigkeit
z.B. Pfropfen im Ohr, Beschädigung der Gehörknöchelchen oder des Trommelfells;
alles wird leiser gehört und muss entfernt, operiert oder durch relativ einfache Hörgeräte gleichmäßig verstärkt werden.

Sensio-neurale Schwerhörigkeit
Schädigung des Innenohrs;
Verschiedene Tonhöhen werden leiser gehört → verzerrtes Hören (z.B. bei einer Hochtonschwerhörigkeit werden Türklingeln, Vogelgezwitscher, Konsonanten leiser oder gar nicht mehr gehört → Hörgeräte müssen an die individuelle Hörfähigkeit angepasst werden.

17

Jedem, der mit Schwerhörigen zu tun hat, ist der Zusammenhang klar: die typische Abwehr, das Verdrängen und Nicht-wahr-haben-Wollen der offenkundigen Hochtonschwerhörigkeit. Nur, mir war das nicht klar.

Etwas in mir wusste zwar, dass mit mir etwas nicht stimmt. Aber an dieses Wissen hängten sich wie Bleigewichte mein Stolz, meine Angst vor den Konsequenzen und die Scham: Jetzt auch noch das, wo ich vorher schon gehandicapt bin. Ich studierte Theologie, und ich wusste – damals noch nicht so gut wie heute, aber immerhin gut genug –, wie wichtig im Beruf des Pfarrers das Zuhören ist. Dass ich schwerhörig bin, diese Erkenntnis durfte auf keinen Fall gedacht oder gesagt werden – denn dann wäre es ja wahr! Also musste es im Unbewussten versenkt werden. Und das „Unbewusste" ist der Teil von uns, den man wirklich nicht weiß. Ich kann das heute so klar sehen und differenzieren. Damals war es wie ein Kampf verschiedener schwarzer Gestalten in einem dunklen Raum bei Nacht, unfassbar und ständig in der Hoffnung und gleichzeitig in der Angst, es könnte Licht ins Dunkel kommen.

Dass mich das Hören sehr anstrengte, weil ich mich sehr konzentrieren musste, und dass ich immer das Gefühl hatte, nicht ganz nachzukommen, empfand ich als persönlichen Makel und nicht als ganz normale Situation eines Menschen, der etwas weniger oder anders hört als der Durchschnitt der 25jährigen[4]. Wenn ich nur einen Teil dessen akustisch verstehe, was gesprochen wird, bin ich gezwungen, den Rest nach der Methode von „Versuch und Irrtum" herauszubringen, also passt das „um", das ich höre, nun zu „Ulm" oder „dumm" oder „Mumm"

---

[4] So ist das definiert, was wir „normales Hören" nennen.

oder was sonst noch? Und das kostet Energie und Zeit. Die fehlen dann aber für das Hören und das Verstehen der nächsten Sätze. Das macht unsicher und wird von außen für dumm oder verschlafen gehalten. Ich weiß noch genau den Moment, an dem ich bei einer Vorlesung des Tübinger Philosophen Ernst Bloch – ausgerechnet über das „Prinzip Hoffnung" – dachte: Alle anderen verstehen offenkundig, was der im überfüllten Audimax (der größte Hörsaal der Uni) sagt, nur ich verstehe nur jeden zweiten Satz; das könnte doch auch an mir liegen. Und erst wenn man die eigene Schwerhörigkeit einigermaßen realisiert hat, kann man dann auch fragen, ob wirklich alle anderen alles verstehen.

Dass ich manchmal nicht reagierte, wenn man mich ansprach oder mir etwas zurief, wurde meinem eher ruhigen Temperament zugeschrieben. Oder war meine oft als ruhig und eher zurückgezogen beschriebene Art (auch) eine Folge einer Hörschädigung? Entsteht doch das „Urvertrauen" eines Menschen, dass das Leben und Gott und die Welt es letztlich gut mit ihm meinen, nicht nur durch den liebenden Blick der Mutter oder der Eltern, mit dem sie ihrem Kind begegnen, sondern genauso durch das Hin und Her von Worten und lange vorher von Lauten. Wer diese nicht oder nicht genügend hört, erlebt sich leicht als nicht zugehörig, ist eher unsicher und leicht verletzlich. Wenn andere darauf mit Unverständnis oder Vorwürfen reagieren, entsteht oft ein Teufelskreis, der für alle Beteiligten sehr belastend sein kann. „Das Ohr ist das Tor zur Seele", sagt eine alte Weisheit. Wenn das Tor nicht richtig funktioniert, nimmt die Seele möglicherweise Schaden.

Schließlich ging ich zum HNO-Arzt. Meine Freundin bestärkte mich in diesem Entschluss, und das nahm mir einen Teil der Angst vor dem Ergebnis. Sie würde mich nicht verlassen. Menschlich war die erste Untersuchung eine reine Katastrophe. Kein Automechaniker geht mit einem kaputten Auto so grob und ohne jede menschliche Gefühlsregung um wie der Chefarzt, der mir die Tatsache eröffnete, dass ich bereits halb taub sei, wofür ich mich bei meinen Vorfahren bedanken könne. Eine sehr nette und zugewandte Assistenzärztin erklärte mir dann, ich solle den Chef nicht so ernst nehmen, ich sei leicht schwerhörig und solle mir keine Gedanken machen, es sei nicht schlimm und werde höchstens ganz allmählich schlechter. Das tröstete mich zwar, aber es war im Grunde genauso unrealistisch wie das niederschmetternde Urteil des Chefarztes. Seinem Gegenüber die Angst um die Ohren zu schlagen ist genauso unsinnig, wie ihn zu vertrösten. Hilfreich dagegen war (allerdings sehr viel später) die Auskunft meines Akustikers, die Qualität der Hörgeräte würde sich schneller entwickeln als meine Schwerhörigkeit. Das war realistisch und bot gleichzeitig eine Möglichkeit der Bewältigung an.

Doch bis dahin war es noch ein langer Weg, etwa sieben Jahre. Dieser Weg war vor allem dadurch gekennzeichnet, dass niemand etwas von meiner Schwerhörigkeit merken durfte. Ich musste so tun „als ob". Das Programm in mir lautete: „Alle anderen hören gut und sind ok, ich höre nicht gut, also bin ich nicht ok." Das darf aber keiner merken; ich will nicht dastehen, als einer der nicht ok ist! Und unter der Hand wird daraus auch: Alle anderen – oder wenigsten die meisten – reden zu leise. Und die sind schuld daran, dass man meine Schwerhörigkeit bemerkt.

Die Logik dieses Programms stolpert gewaltig, ist aber nicht so leicht aufzulösen. Meine Frau versuchte immer wieder, mich mit Argumenten zum Ohrenarzt oder zum Akustiker zu bringen. Gegangen bin ich, als sie sagte: „Entweder du gehst zum Ohrenarzt – oder ich gehe!"

Der zweite Versuch mit einem Ohrenarzt verlief etwas besser, aber wirklich geholfen hat mir der Zivi in unserer Gemeinde, der zufällig Hörakustiker war. Auf sein Anraten bekam ich schnell ein zweites Hörgerät, weil man nur mit zwei Hörgeräten seine Aufmerksamkeit gezielt auf eine Schallquelle richten kann, sei's nun ein Mensch, der redet, oder ein bellender Dackel. Der junge Zivi von damals, der heute, ca. 40 Jahre später, immer noch mein Akustiker ist, erklärte mir, wie ein Hörgerät funktioniert, was es kann und was nicht und wie ich damit möglichst gut umgehen kann. Man nennt das heute Hörtaktik. Darunter fällt alles, was man tun kann, um die akustischen Bedingungen zu verbessern. Also zum Beispiel näher an die Schallquelle herangehen, um kurze, deutliche, aber nicht geschriene Sätze bitten usw.

Mit den Hörgeräten fing für mich in gewisser Weise ein neues Leben an. Die grau gewordene Farbe des Lebens wurde wieder bunt. Mit den „Fonett" von Micro-Technik klang Musik wieder wie Musik. Und ich war der Hörschädigung nicht mehr hilflos ausgeliefert, sondern konnte damit umgehen.

Dabei ist die Schwerhörigkeit für mich aber immer noch etwas, das eigentlich nicht zu mir gehört. **Ich bin nicht nur anders als die anderen, sondern auch anders, als ich einmal war.** Das heißt, die Schwerhörigkeit hat in meinem seelischen Haushalt einen ganz anderen Stellenwert als die Lähmung meines linken Arms.

1
du reckst dich
auf dem stuhl
und spannst an
die inneren muskeln des ohrs
aber da sind keine muskeln
nur ohnmacht
und du weißt nicht wohin
ins leere geht deine wut
hin, wo die sprache entfällt

2
ohnmächtig wollen ohren
an glatten wänden des halls
konturen der sprache greifen
klarheit suchend
im verschwimmenden meer
wogender klänge
wenn doch die ohren krallen hätten!

Morbus Parkinson

Es begann mit einer Depression. Nur dachte niemand, dass dies der Anfang eines Parkinson sein könnte. Also tat ich, was man bei einer Depression tut: herumhängen, zu nichts fähig sein, aber für sich selbst und andere eine Last sein, und schließlich zum Psychiater gehen. Als ausgebildeter Psychotherapeut ging ich natürlich auch zu einem Kollegen. Das tat mir gut, aber die Depression blieb – bis meine Frau, eine erfahrene Psychiatrieschwester, zum Psychiater sagte: „Mein Mann hat keine normale Depression. Das fühlt sich irgendwie anders an." Ich hatte vorher schon immer wieder das Gefühl, ich würde „verholzen", also starr und unbeweglich werden.

Der Psychiater untersuchte mich, schickte mich zum Neurologen – und dort bekam ich die Diagnose „Parkinson". Das war ein Schock, der mich hart traf. Und, als ob das nicht genug wäre, änderte der Chefarzt seine Meinung und attestierte mir kurz darauf ein „Steele-Richardson-Olszewski-Syndrom", das auch „supranukleare Blickparese" genannt wird, bei dem ich in kurzer Zeit mit einem Rollstuhl und dann mit dem Tod hätte rechnen müssen. Zwei andere Ärzte beruhigten mich, diese Diagnose sei eindeutig falsch.

Diese Irrfahrt bis zur Sicherheit ist bei der Diagnose Parkinson normal. Das heißt aber nicht, dass sie nicht außerordentlich belastend wäre. Dazu kommt noch eine paradoxe Geschichte: Einerseits geht es einem besser; es ist eine der sicheren Bestätigungen des Verdachts auf Parkinson, wenn beim Patienten L-Dopa eine Besserung der Symptome bewirkt. Lähmung, Rigor (Starre) und Verlangsamung gehen am Anfang schnell zurück, wenn der Neurotransmitter Dopamin, der im Gehirn nicht mehr genügend produziert wird, jetzt von außen zugeführt wird. Alle freuen sich, dass man nicht mehr hölzern und mit kleinen Schritten daherkommt, sondern elastisch und schwungvoll wie eh und je. Und selber muss man mit der Tatsache zurechtkommen, dass man eine Krankheit hat, von der man eher wenig weiß – aber das wenige ist schlimm genug: ein zittriger alter Mann zu werden und dass es unheilbar ist und immer schlechter werden wird.

Die ersten fünf bis zehn Jahre nennt man den „Honeymoon", die Flitterwochen: Da sind die Symptome noch einigermaßen zu beherrschen. Man ist zwar langsamer, die Beweglichkeit ist eingeschränkt, die Schritte sind kleiner, man stolpert öfter, die Sprache wird leise und undeutlicher, das Zittern fällt vor allem dann auf, wenn man unter Druck kommt – und da kann man es schon gar nicht brauchen! Aber im Alltag ändert sich nicht viel.

Parkinson tritt vorwiegend bei älteren Männern auf. Viele gehen dann etwas früher in Rente. Für die jüngeren Patienten ist dagegen die Frage der Berufstätigkeit ein großes Problem, das noch verstärkt wird durch den (drohenden) Verlust des Führerscheins.

Die medikamentöse Behandlung, die am Anfang so erfolgreich war, wird mit der Zeit zum Problem, weil die Medikamente teilweise immer weniger wirken und die Zeiten mit guter Wirksamkeit (On-Phasen) und die mit geringer Wirksamkeit (Off-Phasen) einander mehrmals am Tag abwechseln, dass man für andere, aber auch für sich selbst, immer weniger verlässlich erscheint.

Die vier Kardinalsymptome des Morbus Parkinson:

Rigor (Starre, Steifigkeit), **Tremor** (Zittern), **Bradykinese** (Verlangsamung der Bewegungen), **Haltungsinstabilität**. Parkinson betrifft aber den ganzen Menschen. Deshalb kann eine fast unendliche Reihe weiterer Symptome dazukommen:

Bewegungsstörungen:
gebeugte Haltung
schleppender, schlurfender Gang mit kleinen Schritten
Schwindel
manuelle Schwierigkeiten, Störung der Feinmotorik
kleine, immer unleserlicher werdende Schrift
leise, belegte, undeutliche Sprechweise
Hypomimie („Pokerface")
Reduzierte Augenbewegungen, Krämpfe
Kau- und Schluckbeschwerden

Autonome Störungen
Obstipation (Verstopfung)
Inkontinenz
Imperativer Harndrang (plötzlich auftretende Notwendigkeit, Wasser zu lassen)
sexuelle Schwierigkeiten
Schlafstörungen

Psychische Störungen
Depression, bzw. Apathie
Bradyphrenie (verlangsamtes, aber sonst ungestörtes Denken)
Ängste und Scham
Halluzinationen

Viele suchen ihr Heil bei alternativen Methoden. Das ist ebenso verständlich wie nutzlos. Immerhin gibt es einem die Illusion, es könnte ja doch etwas nützen. Sicher ist, dass am Anfang Bewegung und Medikamente ausreichen. Pumpen für Dauerinfusionen oder „tiefe Hirnstimulation" (sog. Hirnschrittmacher) kommen erst in Frage, wenn alles andere ausgereizt ist.

Immer mehr bestimmt Sir James (Parkinson) mein Leben.
• Ich muss alle vier Stunden Medikamente einnehmen und darf eine halbe Stunde davor und eine Stunde danach keine eiweißreiche Mahlzeit zu mir nehmen. Das erinnert mich jedes Mal daran, dass ich krank bin. Entsprechend oft vergesse ich die Einnahme. Mein Körper erinnert mich dann schmerzhaft daran.
• Alles geht wesentlich langsamer. Das heißt ich kann, bzw. sollte mir wesentlich weniger vornehmen und mehr zulassen.
• Meine Mimik und Gestik werden spärlicher. Das heißt, ich muss das, was auf dieser Schiene nicht rüberkommt, verbal, mit Worten ausdrücken.
• Die Diskrepanz zwischen Sein und Scheinen wird immer größer, ich werde leicht unterschätzt und mit hilflosen Alten in einen Topf geworfen. Aber ich denke, noch gehöre ich dort nicht hin. Und der Stolz, das zu sagen, lässt mich ein bisschen aufrechter gehen.

Während die angeborene Lähmung meines linken Arms irgendwie zu meiner Identität gehört, kommt der Parkinson sozusagen von außen dazu, ist fremd und lästig. Er will angenommen werden, aber er darf nicht herrschen.
Ganz vorsichtig gesagt: Parkinson zu haben ist nicht nur eine Katastrophe — das ist es gewiss auch. Aber es bietet auch die

Chance und ist eine Herausforderung, das Leben von einer anderen Seite kennen zu lernen. Hilfreich dabei sind jeden Tag ein Schub Selbstbewusstsein, eine anständige Portion Humor und eine ruhige Gelassenheit.

SITUATIONEN – FRAGEN – EINSICHTEN – ERFAHRUNGEN

Es geht um uns

Etwa alle drei Wochen sitzen wir zu neunt im Sitzungszimmer des katholischen Pfarrgemeindehauses zusammen, in dem unsere Selbsthilfegruppe fast ein Stück Heimat gefunden hat. Es braucht den vertrauten Raum, den mehr intimen Charakter dieses Zimmers, wenn wir im kleineren Kreis und ohne ein von außen vorgegebenes Thema zusammenkommen und miteinander reden. Das Thema ergibt sich aus dem, was jeder mitbringt. Wir sind das Thema: Es geht um uns als Patienten, die alle die selbe Krankheit haben: Parkinson.

Wir erzählen ein bisschen von dem, was jeden gerade beschäftigt. Konrad schildert dann etwas unvermittelt, wie er zunehmend unter den Schwankungen leidet, die ihn je nach der Wirkung der Medikamente mal als hilflosen, mal als relativ selbständigen Menschen, mal sicher, mal unsicher erscheinen lassen. Der Arzt, der mit mir zusammen die Gruppe leitet, fragt, wie sich das davon unterscheide, dass ja auch gesunde Menschen nicht immer gleich gut drauf sind. Konrad versucht dieses ungute Gefühl zu beschreiben, dass er seiner selbst eben nicht mehr sicher ist, sich nicht mehr auf sich verlassen kann. Er kommt sich vor, als wären da drei „Konrads", die er ganz verschieden erlebt und die auch auf seine Umwelt ja wohl ganz verschieden wirken. „Wer bin ich dann eigentlich, wenn ich so wenig Kontinuität in mir spüre?"

Mir fällt ein Gedicht ein, das ich am Anfang der Krankheit für meine Frau aufgeschrieben habe.

> Wie festgeschraubt, was schwingen will,
> ein Riegel stoppt das freie Spiel,
> in starre Haltung eingeklemmt,
> vor Steifigkeit schon ganz gehemmt –
> so werde ich gesehen,
> beim Reden und beim Gehen,
> will man von außen mich betrachten
> oder ich mich selbst verachten.
> Augen der Liebe sehen anders
> anderes auch
> Bewegtheit der Seele
> ungereimt auf die Starre des Körpers
> deine Augen geben meinen Augen
> Bilder der Hoffnung –
> wenn ich sie nur nicht niederschlage.

Ich erzähle später davon und zitiere die letzten Zeilen. Jörg, der Arzt und Psychotherapeut ist, weist uns darauf hin, dass Körper und Geist und Seele sich gegenseitig beeinflussen, und fragt, was für uns in solchen Erlebnissen im Vordergrund stehe, das Körperliche, also der Parkinson, auf den die Seele reagiert, oder ob wir den Parkinson auch als Krankheit der Seele, der Psyche und des „Kopfes" erleben. Er meint, das körperliche Befinden könne einen natürlich psychisch sehr herunterziehen, aber vielleicht sei es umgekehrt auch möglich, dass aus der Seele Kräfte kommen, die den Körper mobilisieren. Ich bin innerlich hin- und hergerissen zwischen seiner für mich hochinteressanten Frage und dem Text, den ich damals für meine Frau aufgeschrieben habe.

Mit Konrad, der beinahe zwanzig Jahre älter ist als ich, außerdem politisch und von der Lebensgestaltung her ganz anders als ich, verbindet mich eine Freundschaft, die mir jetzt auch eine sehr persönliche Antwort erlaubt: „Ich habe dich ja schon in sehr verschiedener Verfassung erlebt, und ich glaube, ich kenne alle drei dieser verschiedenen Seiten von dir – aber du warst für mich dabei immer der Konrad." Er schaut mich dankbar an und sagt mit fester Stimme: „Ich lebe gern, noch, aber es macht mir immer mehr Mühe." Wenn ich diese Zeilen lese, spüre ich viel Traurigkeit. In der Gruppe war eher eine befreiende Atmosphäre, die immer dann entsteht, wenn wir wirklich von uns reden – nicht wie wir sein sollen oder wollen, sondern, wie wir sind.

Helmut nimmt auf, dass es ganz wichtig ist, wie unsere Umwelt uns begegnet, und erzählt von seinem vierjährigen Enkel. Wenn er körperlich einen Tiefpunkt habe, komme der manchmal: „Opa, jetzt nimmst du deine Tabletten und wir legen uns eine Zeit lang ins Bett, bis die gewirkt haben, und dann geht's wieder."

Selbsthilfegruppen sind „Überlebensmittel"

Ein Mann irrt drei Tage und zwei Nächte durch einen Wald. Er findet nicht mehr heraus, sondern kommt immer tiefer in den Wald hinein. Da begegnet ihm ein anderer Mann. „Seit drei Tagen irre ich hier schon herum", sagt er dem. „Ich schon seit drei Jahren", gibt der zur Antwort. „Dann weißt du sicher alle Wege, die hinausführen!" Aber der andre schüttelt den Kopf „Nein, nur alle, die nicht hinausführen!"

Woher ich diese Geschichte habe, weiß ich nicht mehr. Sie wurde sicher nicht im Blick auf Selbsthilfegruppen erzählt. Aber sie kann helfen, den Sinn von Selbsthilfegruppen zu verstehen. Zunächst meinen viele Leute, in Selbsthilfegruppen würden nur schlimme und belastende Geschichten erzählt, die einen hinunterziehen und neben dem eigenen Unglück auch noch mit dem aller anderen belasten. Nicht selten hört man das auch von Ärzten! Ist das so? Diplomatisch geantwortet: Solche Gruppen mag es auch gelegentlich geben. Man muss ja nicht unbedingt dort hingehen.

Wirkliche Selbsthilfegruppen funktionieren anders. Unsere beiden Wanderer im Wald könnten so etwas wie die Urzelle einer Selbsthilfegruppe werden, nämlich wenn sie anfangen zu reden – von der Angst, hier im Wald kläglich und mutterseelenallein zu verhungern, oder vom Schmerz, von ihren Lieben getrennt zu sein, vielleicht auch von der Scham, dass sie sich so verirrt haben. Aber es ist ja gar keiner da, vor dem man sich schämen könnte! Und verhungert sind sie auch noch nicht. Aber wenn sie Hunger kriegen, werden sie wohl überlegen, wie man hier im Wald etwas zu essen findet und überleben kann, wie man sich vor Gefahren schützt und was man gegen die Angst tun kann.

Nichts anderes macht eine Selbsthilfegruppe. Man trifft dort andere mit dem gleichen Schicksal oder mit einer ähnlichen Krankheit und man sieht, wie die damit leben und dass man damit leben kann. Man tauscht dort Erfahrungen aus, man entdeckt eigene Fähigkeiten und spürt und erlebt selbst, dass man die Angst nicht einfach wegmachen kann, aber dass man ihr auch nicht hilflos ausgeliefert ist. Ich habe vier Jahre lang eine Selbsthilfegruppe geleitet. Immer wieder haben mir Mitglieder gesagt, wie wichtig es sei, dass man in der Gruppe nicht alleine ist: Die anderen haben ähnliche Probleme, wir verstehen einander.

Kein vernünftiger Mensch wird ernsthaft erwarten, dass eine Selbsthilfegruppe für Blinde ihren Mitgliedern das Augenlicht zurückgibt oder eine für Hörgeschädigte die Hörgeräte überflüssig macht. Und wenn jemand insgeheim doch solche Wünsche hat, wird er oder sie bald merken, dass diese zwar „normal" sind, aber eben leider auch nutzlos.

Selbsthilfegruppen sind „Überlebensmittel", und manchmal sind sie auch ein wenig mehr. In unserer Gymnastikgruppe für Menschen mit Parkinson wird viel gelacht, und dafür ist nicht nur unsere Übungsleiterin verantwortlich. Gut ist, dass sie es nicht tragisch nimmt, wenn wir eine Übung nicht hinkriegen. Verbissene Anstrengung bringt dann ja gar nichts. Wir probieren's lieber anders. Und das ist nicht nur für die Gymnastik wichtig, sondern – vielleicht noch mehr – „draußen" im alltäglichen Leben. Betroffene fangen in unsren Gruppen, besonders in der Gymnastikgruppe, wieder an zu lachen, und manche, die vorher sich kaum mehr aus dem Haus getraut haben, trauen sich wieder mehr zu und vermeiden nicht mehr ängstlich alles, was schief gehen könnte. Das ist für mich der schönste Erfolg dieser Arbeit. „Nobody is perfekt" ist in Deutschland immer noch fremd und keineswegs selbstverständlich. In unserer Gymnastik-Gruppe lernt man, dass Humorlosigkeit eine der schlimmsten Barrieren ist. Die gilt es abzubauen.

Freilich, ich hatte auch Misserfolge. Die bundesweite „Deutsche Parkinson Vereinigung", zu der die Selbsthilfegruppe gehört, die ich geleitet habe, hat sich – so meine ich – zu weit vom eigentlichen Sinn der Selbsthilfegruppen entfernt. Ihre zentralistische Verfassung steht im Widerspruch zur Grundidee der Selbsthilfe: den Betroffenen zu helfen, sich auch mit der Behinderung als selbstverantwortlicher Mensch und Subjekt seiner Geschichte zu begreifen. Die Selbsthilfegruppen sind auch Partner der Ärzte und der Krankenhäuser und -kassen. Ihr Ziel ist der mündige Patient. In den Verhandlungen mit politischen Gremien braucht man Fachleute; aber die sollen unsere Interessen vertreten und nicht uns Betroffene regieren.
Die Selbsthilfe-Bewegung ist in der zweiten Hälfte des letzten Jahrhunderts entstanden. Ihre Wurzeln sind in der Medizin die salutogenetische Richtung und die Gruppentherapie, in der Gesellschaft die Demokratie- und die Studentenbewegung. Diese Wurzeln tragen beides: Die auf Stärkung der Persönlichkeit und den selbstverantwortlichen Umgang mit der Krankheit ausgerichtete Arbeit vor Ort wie auch politische Aktivität auf Landes- und Bundesebene. Aber beide Zweige müssen aufeinander bezogen sein und dürfen einander nicht gegenseitig das Licht wegnehmen.

Es ist geradezu eine Pervertierung der Idee der Selbsthilfe, wenn ihre Mitglieder von den Leuten, die sie selbst bezahlen, nun wieder unselbständig gemacht werden. Deshalb habe ich die Leitungsfunktion abgegeben.

Mein Vater

Schon einige Zeit bevor bei mir ein Morbus Parkinson diagnostiziert wurde, meinte eine Tante von mir, ich würde mit zunehmendem Alter meinem Vater immer ähnlicher, und auch ich selbst hatte manchmal das Gefühl, ihm sehr nahe und ähnlich zu sein. Am ehesten konnte ich die Veränderung von mir so beschreiben: Ich wurde gleichzeitig gelassener und nicht gerade sturer, aber unbeirrbarer. Später wandelte sich das in eine Angst, zu „verholzen", innerlich unlebendig und starr zu werden. Viele Erinnerungen an meinen Vater stiegen in mir auf.

Eine meiner frühesten Erinnerungen ist, dass er an seinem 40. Geburtstag einen Teelöffel mit dem Daumen und dem Zeigerfinger hielt und zu meiner Mutter sagte: „Siehst du, ich kann ihn ganz ruhig halten." Ich war damals 3 ½ Jahre alt und konnte wohl die Bedeutung dieser Szene spüren, aber nicht verstehen.

Die Antwort meiner Mutter weiß ich nicht mehr. Wahrscheinlich war es die Geschichte, die sie später noch oft erzählt hat: die Grippeepidemie in den 20er Jahren und dass mein Vater vor dem Krieg des Öfteren auf der Stuttgarter Stiftskirchenorgel mit ihrer schwergängigen Mechanik der Tasten und Registerzüge gespielt hat. Deshalb zittere er. Das war eine – verständliche – Ausflucht. Was mein Vater hatte, war Parkinson. Die ruhige Hand mit dem Teelöffel ist geradezu typisch für Parkinson; ohne Teelöffel hätte er eher gezittert. Man nennt das einen „Ruhetremor". Aber auch die richtige Diagnose nützte wenig, solange wir nicht wussten, was es heißt, Parkinson zu haben.

Parkinson sei eine Schüttellähmung. Bewegen und Stillehalten seien nicht im Gleichgewicht. So erklärte man es uns. Mehr nicht. Mein Vater jammerte nicht. Es sah so aus, als nehme er es unbewegt hin – gleichzeitig zittern und unbewegt sein, das ist die Paradoxie der Parkinsonschen Krankheit, mit der nur schwer fertig zu werden ist. Mein Vater tat wenig, um sich zu informieren. Er wehrte sich auch nicht wirklich gegen unsere Vorwürfe, er solle lebendiger sein, nicht so krumm dasitzen, nicht im Sessel einschlafen. War er doch wieder einmal mit schräg heruntergerutschter Brille eingeschlafen, das Buch auf dem Boden, schreckte er bei der leisesten Berührung hoch und sagte: „I han denkt. (Ich habe gedacht!)" – „Ja, ja", antwortete die Familie im Chor, „eingeschlafen."

Nachdem er zwei Autos zu Schrott gefahren hatte, gab er seinen Führerschein ab; auch weil er beim letzten Unfall beinahe in eine Gruppe wartender Passanten gefahren wäre. Also musste er von uns gefahren werden. Sein linksseitiger Parkinson gab ihm beim Stehen wie beim Sitzen seinen „Linkshang", so dass man ihn immer wieder nach rechts schieben musste, wollte man ihn nicht mit seinen knapp 90 kg beim Fahren auf dem Schoß liegen haben. Man kann das sehr verschieden sagen. Ich hatte es leicht, humorvoll zu sagen: „Chef, ruck nach rechts!", und auch seine Eigenheiten und seine manchmal wie aus blauem Himmel kommenden Versuche, formal wirklich der „Chef" zu sein, konnte ich leichter tolerieren, weil ich nur an ein paar Wochenenden und während der Schul- oder Semesterferien zu Hause wohnte.
Mein Bild von ihm war nicht eindeutig. Oft nahm ich seinen Parkinson wahr als etwas, was zu ihm gehörte und zu ihm pass-

te, und dann konnte ich mich fürchterlich ärgern oder schämen, wenn er wegen Parkinson wie ein alter Trottel behandelt und schräg angeschaut wurde. Manchmal wurde ich dann auch sehr direkt: „Mensch, du bist doch nicht so hilflos, wie du dich gerade gezeigt hast!?" Aber er winkte mit der Hand ab: „Lass nur, das stört mich nicht!" Er hat bis zum Schluss gerne gelacht und wohl auch gerne gelebt. Er war zufrieden, trotz allem.

Meine Mutter konnte sagen, er sei halt ein Phlegma; früher sei er anders gewesen. Ihre lähmende Resignation, hinter der viel Enttäuschung, aber eben auch der Wunsch nach Veränderung zu spüren war, kann ich heute eher verstehen als damals. Ich fand sie einfach ungerecht und unangemessen. Manche Psychologen sprechen von „angemessener Resignation". Sie meinen damit eine Einstellung zur eigenen Behinderung, die ihre Grenzen kennt und akzeptiert und sich so Enttäuschungen erspart. Gewiss, hinter Erwartungen, die ich nicht habe, kann ich nicht zurückbleiben. Aber die „angemessene Resignation" ist mir dann doch zu hoffnungslos und zu nahe an einer Art vorgezogener Friedhofsruhe.

Mein Vater war Musiker, und es gibt kein Instrument, das man mit Parkinson wirklich gut spielen kann. Er spielte aber relativ lange Orgel, in der Adventszeit begleitete er uns beim Singen auf dem Spinett. Seine Choralsätze sind handwerklich gut und haben „Seele". Humorvolle und überraschende Intonationen begleitete er mit einem leisen Lächeln, das ich sehr mochte. Aber es war, als verlöre sich das langsam. Ich hatte das Gefühl, dass sein Leben alt und grau wurde.

Typisch für ihn war, dass er ohne nach links oder rechts zu schauen über die Straße lief. Es ist ihm nie etwas passiert.

„Was wollt ihr denn?! Dann ist es ja nicht so schlimm!" Wer das sagt, kennt nicht dieses Peinlichkeitsgefühl und die Scham, die man stellvertretend erleidet. Und die unterdrückte Wut. Denn er könnte ja anders, wenn er nur wollte – dachten wir. Heute weiß ich, dass er nicht, auf jeden Fall nicht viel anders konnte. Und ich denke sogar, dass sein Rückzugsverhalten für ihn weniger stressig war als eine permanente Auseinandersetzung mit seiner Familie. Bevor sich sein Leben auf das Sitzen im Sessel beschränkt hätte, starb er einen Monat nach dem Beginn seines Ruhestands. Er ging leise davon. Seine Hand zitterte nicht mehr. Und dabei wurde er mir sehr fremd.

Ich bin sehr froh, dass meine Frau und meine Söhne ganz anders mit mir und der Erkrankung umgehen – die Schwiegertöchter natürlich auch, auf die dieses Wort gar nicht mehr passt, weil sie eigenständige Frauen in unserer Familie sind. Alle wissen so etwa, wie sich Parkinson und Schwerhörigkeit usw. auswirken, nehmen darauf Rücksicht und behandeln mich sonst möglichst normal.

An einer Stelle hätten wir merken können, was meinem Vater gefehlt hat. Als meine Frau in unsre Familie kam, begegnete sie ihm mit ihrer natürlichen Herzlichkeit und ihrer Sicherheit im Umgang mit körperlichen Defiziten. Sie sah in ihm nicht den Kranken, sondern den liebenswerten Menschen. Er dankte ihr das mit großer Wertschätzung.

Tonbild

Als Himmel und Erde fertig waren,
Da schufen die Götter dich, die Musik,
Zum Lob ihrer Werke.
Lange schon vor meiner Geburt,
Mutter,
Hast du mich in Töne gehüllt.
Beethoven auf dem Klavier
Ist fest verankert im Ohr.
Tiefer, als Worte je können,
Rührt mich der Trauermarsch an.
Zum Glück sind Mozarts Sonaten
Mir von jeher vertraut.
So klingt sonntags die Welt:
Das Zimmer hell, sonnendurchflutet,
Blumen auf dem Klavier,
Butterkuchen und weißen Zucker in den Kaffee.
Vater begleitet uns auf dem Spinett
Kontrapunktisch der Bass,
Eine Coda mit leisem Humor.
Und so warm der Klang.
Im Chor die Klarheit von Schütz.

Ihr habt mir Töne gegeben.
Manchmal singt es in mir
Und lobt dieses Leben –
Ohne ersichtlichen Grund.

Angehörige, Partner und Freunde

Menschen mit Behinderungen sind auf andere angewiesen. Das ist die eine Seite der Medaille. „Behindert ist man nicht, behindert wird man", heißt die andere. Es gibt unzählige Varianten des hilfreichen Umgangs mit Behinderungen der Mitmenschen. Wahrscheinlich gibt es ebenso viele Spielarten des Umgangs, die in „gemischte" Partnerschaften oder Freundschaften das Leben beeinträchtigen können.

Aus eigener Erfahrung kenne ich die Schwierigkeit, durch die Handicaps zum schwächeren, abhängigen und auf Hilfe angewiesenen Menschen zu werden. Wie die meisten anderen Menschen auch bin ich aber lieber unabhängig, stark und hilfsbereit. Das kann ich in vieler Hinsicht durchaus noch sein. Noch stehen bei mir den eher schmerzlichen Erfahrungen von Hilflosigkeit und Abhängigkeit genügend Möglichkeiten gegenüber, mich auch als selbständigen Menschen zu erleben. Dieses Konto ist sozusagen ausgeglichen. Wichtiger noch ist, wenn man mir mit Achtung und Liebe begegnet, verliert das Angewiesensein den Stachel der Kränkung. Wie viel Fürsorge und Hilfe ich brauche, was die andern mir geben können und wollen, was ich noch selbst probieren will und was ich längst aufgegeben habe – und nicht zuletzt wo wir uns gegenseitig über- oder unterschätzen, das alles muss immer wieder neu abgestimmt und in ein erträgliches Gleichgewicht gebracht werden. Ich habe diesen Satz, immerhin über fünf Zeilen, recht flott formuliert. Ihn in die Tat umzusetzen, ist meistens eher zeit- und kräfteraubend. Man wird nie ein- für allemal damit fertig. Natürlich spielt sich ein Stil ein, wie man miteinander umgeht. Schwierig wird's dann, wenn man den gemeinsamen „Karren" aus den eingefahrenen Spuren herauslenken will oder muss; vielleicht weil man merkt, dass man in die falsche Richtung fährt oder weil sich die Bedingungen der Behinderung ändern. Es ist ein Unterschied, ob ich noch alleine die täglichen Aktivitäten bewältigen kann oder ob meine Beweglichkeit so eingeschränkt ist, dass meine Frau mich nur ungern alleine verreisen lässt – ein Unterschied vor allem im Blick auf die mir wichtige Autonomie.

Bei vielen Menschen mit Behinderungen ist auch die Sexualität betroffen. Der Rat, darüber mit dem Arzt oder der Ärztin zu sprechen, ist so viel wert, wie der Arzt für ein solches Gespräch Zeit hat. Im 7-Minutentakt geht das sicher nicht. Die Alternative ist entweder mit dem Arzt oder der Ärztin einen Gesprächstermin zu vereinbaren oder eine Beratungsstelle oder eine Praxis für Psychotherapie aufzusuchen. Das mag einige Überwindung kosten. „Ich bin doch nicht verrückt", ist häufig die erste Reaktion auf einen Hinweis in diese Richtung. Ich bin auch nicht verrückt, aber meine Frau und ich nehmen regelmäßig die Möglichkeit wahr, mit einer Psychotherapeutin über gemeinsame Probleme zu sprechen und uns zu einer besseren Bewältigung der wahrlich nicht geringen Probleme helfen zu lassen, die meine verschiedenen Behinderungen mit sich bringen. Auch bei Beratern und Psychotherapeuten sollte man offen fragen, ob sie von der jeweiligen Behinderung eine Ahnung haben, und aufpassen, ob sie darauf positiv reagieren.

Gute Freunde und natürlich meine Frau kennen mich aus der Zeit, in der ich noch keine Parkinson hatte, sehen in mir deshalb immer auch den, der ich einmal war. Das hilft mir, nicht nur meine Defizite zu sehen, sondern auch wieder Anschluss zu finden an meine früheren Stärken. Ich muss nicht sagen: „Vergiss es!", sondern „Weißt du noch?"

Wenn Angehörige miteinander reden, hört man oft Sätze wie: „Das ist bei meinem Mann/meiner Frau genauso – typisch schwerhörig, typisch Parkinson, typisch MS!" Ob es eine Parkinson-Persönlichkeit gibt, weiß ich nicht. Schwerhörige gelten im Allgemeinen als misstrauisch, Blinde als sensibel, Herzinfarkt gilt als Managerkrankheit. Man kann sich hinter solchen Vorurteilen verstecken und sagen: „Ich bin halt krank, misstrauisch, empfindlich, und du musst darauf Rücksicht nehmen." Das eine ist diskriminierend, das andere eine glatte Erpressung, und beides ist nicht gerade friedenstiftend. Frieden entsteht eher, wenn beide ihre Ängste und Wünsche sagen können und versuchen, den andern zu verstehen.

Jeden gibt's nur einmal

Jeden gibt's nur einmal. Wenn es so ist, dann ist jeder auch einmalig! Und wenn ich das nicht nur theoretisch weiß, sondern – was etwas schwieriger ist – wirklich akzeptiere, gibt es mir die Freiheit, mich nicht mehr mit anderen vergleichen zu müssen.

Thomas Quasthoff zum Beispiel ist einmalig: als Sänger mit einer mitreißenden musikalischen Begabung, einer wundervollen Stimme und der Fähigkeit, ganz verschiedene Texte und Kompositionen zu interpretieren. Jedes Mal wenn ich ihn höre, bin ich begeistert. Er ist auch behindert. Er ist als Contergan-Kind geboren. Seine Eltern haben ihn auf ihre Art gefördert und ihm etwas zugetraut. Als er Musik studieren wollte, wurde er zunächst abgewiesen, weil er aufgrund seiner Behinderung nicht Klavier spielen kann; und das muss eben jeder Musiker können. Er hat es dann doch geschafft. Und er gehört heute zur kleinen Zahl der weltberühmten Sänger. Und das bestimmt nicht wegen seiner Behinderung. Keiner kann sagen: „Dafür dass er behindert ist, ist er schon recht gut." Eher glaube ich, dass ihn die Auseinandersetzung mit Einschränkungen für menschliche Fragen sensibler gemacht hat. Aber das müsste man ihn selbst fragen und seine Frau und seine Freunde. Die wissen das oft besser.

Solche einmaligen Karrieren halte ich für eine zweischneidige Sache. Obwohl ich lange im Chor mitgesungen habe und mir ein Leben ohne Musik kaum vorstellen kann – ich bin beileibe kein Thomas Quasthoff.

Den gibt's nur einmal. Mich und Sie auch. Und alle sind wir einmalig, auch wenn das bei mir und bei Ihnen nicht die ganze Welt weiß.

In einer Reha sagte ein Trainer zu mir: „Als Schwerhöriger musst du den andern immer einen Schritt vornedraus sein." Um Gottes Willen, nein! Das läuft auf eine totale Überforderung hinaus. Es genügt, wenn ich offen (manchmal auch offensiv) mit meinen Behinderungen umgehe und einen guten Kontakt zu meinen Stärken habe. Um die Behinderung zu verstecken, bräuchte ich viele Tricks, viel Energie und Aufmerksamkeit, die ich besser vor meine Stärken spanne.

Manchmal sind wir wohl in Gefahr, nach dem „Alles-oder-nichts-Prinzip" entweder ein Quasthoff sein zu wollen oder uns als total unfähig zu erleben. Aber den Quasthoff gibt's nur einmal, und jeden von uns auch. Natürlich kann man an die Stelle von Thomas Quasthoff auch einen Schauspieler, Sportler, Wissenschaftler oder Politiker mit einer Behinderung setzen und sich an dem messen, wenn man schlecht abschneiden will. Und dann noch von sich zu verlangen, dass man dem vornedraus ist, kann einem das Leben noch schwerer machen. Ich ziehe es vor, ein schönes Mörikelied zu hören – gesungen von Thomas Quasthoff –, mich von seinem Humor anstecken zu lassen und mich zu freuen, dass ich etwas gut kann: das genießen.

Folgekosten

Bei einer Tagung saßen wir abends noch zusammen. Die Stimmung war gelöst. Ich war schon ein wenig müde, wollte aber auch mit den interessanten Leuten, die da waren, noch Kontakt haben. Einer sprach mich an, und sein Gesicht wirkte dabei auch ein bisschen belustigt: „Wenn Sie wüssten, dass Stammzellen von überzähligen Embryonen Ihren Parkinson stoppen können, würden Sie davon Gebrauch machen?" Mein erster Gedanke war: Das ist eine Pharisäer-Frage, auf die man nur falsche Antworten geben kann. Ich sagte deshalb etwa dies: „Was wollen Sie? Mich testen oder eine ehrliche Antwort?" Es sei ihm ernst, meinte er. Die Kirche könne doch nicht die Abtreibung oder die pränatale Indikation von schwerstbehinderten Kindern verbieten und nachher viel weniger behinderten Menschen eine Absage erteilen, wenn sie Pfarrer werden wollen.

Dieses Gespräch hatte ich noch im Hinterkopf, als ich nach Bethel zu Wolfgang Döring fuhr, der Menschen mit Behinderungen eingeladen hatte, die auf dem Weg ins Pfarramt behindert wurden oder als Pfarrerinnen und Pfarrer die letzte Berufsgruppe bildeten, für die es kein Schwerbehindertenrecht gab und auch keine Vertrauensperson für die Schwerbehinderten. Originalton eines kirchenleitenden Mannes: „Wozu sollen wir behinderte Pfarrer anstellen, solange wir genug gesunde haben?" Der am leichtesten zu tolerierende Fehler in diesem Satz ist der Gegensatz „behindert – gesund"; richtig wäre „gesund – krank" und „behindert – nicht behindert".
In beiden Fällen wird ein Mensch nach dem beurteilt, was er bringt und was er kostet. Dass diese Rechnung jeweils viel zu

viele Unbekannte hat und deshalb kein verwertbares Ergebnis haben kann, ist der eine Keil, mit dem ich diesen groben Klotz zerlegen möchte, dass sie zynisch und menschenverachtend ist, der andere. Natürlich gibt es Statistiken und Prognosen für den Verlauf von Diabetes, Koronarkrankheiten, MS, Parkinson usw. Mit ihnen kann man die voraussichtliche Lebensdauer und die wahrscheinlichen Krankheitskosten abschätzen. Das wird auch sehr genau gemacht. Die Frage ist, welches Gewicht zu erwartende höhere Kosten bei der Frage der Einstellung haben dürfen. Und welcher „Gewinn" dabei herauskommt, z.B. an Glaubwürdigkeit, wenn zwischen den Predigten und dem Geschäftsgebaren der Kirche ein erkennbarer Zusammenhang besteht. Und ob Pfarrer mit Behinderungen, wenn sie ihren Fähigkeiten entsprechend eingesetzt werden – oder noch besser: wenn sie die Möglichkeit bekommen, sich einzusetzen, nicht gleich gut sein können wie andere.

Einmal in Fahrt nennen ein paar andere Teilnehmer dieser Runde, die ebenfalls behindert sind, Äußerungen von kirchlichen Würdenträgern, die wahrhaft entwürdigend sind: vom leise entwertenden „trotzdem" bis hin zur grundsätzlichen Einstufung als Problemfall, wenn man mit einer Behinderung „trotzdem" Pfarrerin oder Pfarrer werden will. Dieses „trotzdem" ist auch dann, wenn man es mit tief empfunden klingender Anerkennung sagt, eine Abwertung. Es setzt voraus, dass man eigentlich unfähig ist. Und wir, die wir in Bethel zusammensaßen, fühlten uns als Theologinnen und Theologen weder „eigentlich unfähig" noch „eigentlich fähig, aber ...". Wir waren davon überzeugt, dass die Kirche sich selbst behindert, wenn sie Menschen mit Behinderungen nur als Objekte der Fürsorge und Gnädigkeit sieht. Ich spreche nicht von „Gnade";

46

das wäre liebevolle Zuwendung und Begabung von Gott her, sondern von „Gnädigkeit". Damit meine ich das Verhalten „kleiner Herrgötter", die ein Auge zudrücken und „Gnade vor Recht" ergehen lassen. Wir waren uns einig: Wir wollen als selbständige Partner, Menschen mit Begabungen und natürlich auch mit Schwächen gesehen werden – wie alle anderen auch. Aber in der real existierenden Kirche kommt man als Mensch mit Behinderungen sehr viel besser zurecht, wenn man nicht ein Recht in Anspruch nimmt, sondern brav um Hilfe bittet.

Auf der Suche nach einem griffigen Slogan schlug ich vor: „Jede unterlassene Abtreibung hat Folgekosten. Wollen wir die den Kindern anlasten?"

Damals, in den 80er Jahren gründeten wir deshalb den „Konvent von behinderten SeelsorgerInnen und Behindertenseelsorgerinnen e.V. (kbS)"; allerdings nicht gleich am ersten Tag der ersten Tagung. Aber soweit kamen wir damals schon, dass wir uns jede Rechnung, wir seien teurer und wir belasteten die Nicht-Behinderten zurückwiesen. Der Konvent hat viel erreicht: Inzwischen gibt es in vielen Landeskirchen gesetzliche Regelungen für die Schwerbehinderten-Vertretung. Mein provokativer Satz hätte wohl mehr Ärger verursacht, als dass er etwas genützt hätte. Auf einer Diakonie-Konferenz hörte ich es kürzlich viel diplomatischer:

„Kosten, die bei einer guten Behinderten-Politik entstehen, sollten wir nicht als Belastung ansehen, sondern als Investition in eine bessere Zukunft."

Würde

Würde mir einer nehmen wollen
die Würde,
ich könnt sie nur wahren,
indem ich sie lasse –
ohne Furcht.

Immer „positiv denken"?

Gelegentlich wird mir gesagt, ich würde „positiv denken". Manche fügen noch hinzu „zum Glück". Ich frage mich dann: zu meinem Glück oder zu deinem? Positives Denken gilt landläufig als eine Art Wundermittel. Es soll helfen, Schicksalsschläge zu überwinden, Krankheiten zu heilen und glücklich zu sein. Wenn das so einfach wäre! Aber vielleicht geht es manchem Vertreter des positiven Denkens nur darum, keine Klagen hören zu wollen oder den Weinenden den Mund zu stopfen, statt die Tränen abzuwischen oder sie einfach weinen zu lassen. Positiv denken, und erst recht die Steigerung davon, nämlich „immer positiv denken", kommt mir manchmal vor wie die Sprüche auf Sonnenuhren an der Schauseite bayerischer Wirtschaften: „Mach' es wie die Sonnenuhr, zähl die heitern Stunden nur." Schmerzen, Trauer, Angst, Niedergeschlagenheit und Verzweiflung einfach wegdrücken, ist aber keine Lösung. Denn das Verdrängte und alles Unangenehme, das man unter den Teppich gekehrt hat, ist ja nicht einfach weg, sondern modert und verkommt dort – bis es zu stinken anfängt oder sonstwie stört.

Auf einer alten Kirchenuhr habe ich den Spruch gefunden: „omnes vulnerant, ultima necat." Auf Deutsch: „Jede (Stunde) schlägt Wunden, die letzte tötet." Es ist wohl kein Zufall, dass die beiden Sprüche auf Uhren stehen. Denn alles hat seine Stunde, meint der weise „Prediger" in der Hebräischen Bibel. Und wenn das „letzte Stündlein" angesagt ist, bzw. geschlagen hat, wird nach der Überzeugung unserer Vorfahren über den Wert des Lebens entschieden: positiv oder negativ. Das „Datum" ist wörtlich übersetzt das, was gegeben ist. Man kann es sich nicht aussuchen. Es gibt Stunden, in denen alles in ein goldenes Licht getaucht ist, glücklich und voller Lebenslust. Und es gibt die, von denen es heißt „omnes vulnerant". Zu Deutsch: „Sie alle schlagen Wunden."

Die Frage ist, wie eine oder einer umgeht mit den eigenen Lebensdaten, mit dem, was vorgegeben ist, was man antrifft oder was einen trifft.

Die beiden Sprüche auf den Uhren führen uns auf den Leim des „Alles oder nichts." – „Nur die heiteren Stunden" oder „Alle Stunden, jede verletzt."

Weder bin ich ein Glückspilz, der nur heitere Stunden kennt, noch sitze ich pessimistisch in einer Ecke und beklage mich über mein Schicksal, stündlich verletzt zu werden. Ich halte es da lieber mit Dietrich Bonhoeffer, dessen Tagebuch aus dem Gefängnis der Nazis den Titel hat „Widerstand und Ergebung" oder mit Ken Wilbers Buchtitel „Mut und Gnade".

Ich verstehe das so, dass man einerseits aktiv für sich und andere eintritt und andererseits mit Gelassenheit und Toleranz (da steckt das lateinische Wörtchen „tollere" drin, und das heißt „tragen" und „ertragen") auf sich nimmt, was man nicht ändern kann.

„Da haben wir den Schuldigen!"

Der Schuldige mag der Zahn sein, den der Zahnarzt als die Quelle dieser bohrenden Schmerzen aus- und dann vielleicht auch rausmacht oder ein nicht richtig angeschlossenes Kabel am PC, das daran „schuldig" ist, dass nichts mehr läuft. Den Schuldigen zu finden, ist die Voraussetzung dafür, dass man Abhilfe schaffen kann. Erleichterung, weil man wieder schmerzfrei essen und ruhig schlafen oder schreiben und surfen kann, und den Ärger, dass „dieses blöde Kabel" solche Probleme macht, kann man im Stoßseufzer hören: „Da haben wir den Schuldigen!"

Und wenn wir ihn, den Schuldigen, nicht haben? Zum Beispiel, weil es für viele Behinderungen keine so einfache Erklärung gibt und weil bei fast allen wirklichen Lebensfragen viele Faktoren zusammenspielen? Auch wenn wir wissen, dass die Suche nach dem Schuldigen oft erfolglos ist, und auch wenn wir schon ein paar mal die Erfahrung gemacht haben, dass man seine Energie besser für Fragen verwendet, die lösbar sind — trotz all dem suchen wir oft, woher das kommt, was dran schuldig ist und wer das zu verantworten hat. So als wäre die Welt nur in Ordnung, wenn alles klar ist und seinen guten Grund hat. So als würden die Dinge dadurch stimmig und besser zu ertragen. Es gibt wohl so etwas wie ein Bedürfnis, dass die Welt in Ordnung sein muss, logisch und verstehbar. Nur: Das stimmt eben meistens nicht. Die Welt ist nicht so einfach, dass man ein paar Stellschrauben dreht oder wie bei einem Kreuzworträtsel unter „vier waagrecht" das Wörtlein „Sinn" einsetzen muss, und dann geht's auf. Nein, es geht eben oft nicht auf. Wir bringen weder den allmächtigen Herrscher-Gott und den liebenden Vater-Gott unter einen Hut, noch können wir der Natur arglos trauen, die uns das Leben ermöglicht; zu gut kennen wir auch ihre zerstörerischen Seiten. Es ist nicht so, dass wir als anständige und gesund lebende Menschen nicht krank werden oder schlimmen Schicksalsschlägen ausgeliefert sein könnten. Da kommt man sich vielleicht schon auch als Spielball vor. Meine Erfahrung ist: Es nützt nichts, nach dem Schuldigen zu suchen. Sich als Spielball zu fühlen, dem übel mitgespielt wird, ist kränkend, ob ich den „Spieler" kenne oder nicht. Und bei Kränkungen brauchen wir Pflege, Zuwendung und die Erlaubnis (von innen oder von außen) zu leiden, uns zurückzuziehen; die Decke über den Kopf zu ziehen und zu klagen. Und dann oder stattdessen brauchen gekränkte Menschen wieder neue Bestätigungen, von neuem die kleinen Gesten, die den eigenen Wert anheben. Wirkliche Lebenskünstler können sich die sogar selbst geben.

In einer Gruppe

Seit acht Tagen bin ich mit meiner Frau und einem befreundeten Ehepaar auf einer Studienreise – mit einer Gruppe von weiteren fünf Leuten, die wir vorher noch nicht kannten. Das war früher für mich kein Problem. Ich habe immer gerne mit Gruppen gearbeitet. Die Chance, dass sich verschiedene Leute gegenseitig anregen und ergänzen, ist mir wichtiger als die Angst vor Rivalität und gegenseitiger Beeinträchtigung.

Allerdings, seit der Parkinson bei mir nicht nur deutlicher sichtbar, sondern eben auch deutlicher eine Beeinträchtigung ist, kann ich nicht mehr so gelassen in eine Gruppe gehen. Das fängt beim Essen an: Ich habe beim Hantieren mit Besteck am Buffet und am Tisch oft große Schwierigkeiten. Meine „Manieren" beim Essen werden von manchen sicher als gewöhnungsbedürftig eingestuft. Meine Sprache ist vom Parkinson her leise und eher monoton, vom Dialekt her schwäbisch, d.h. eher nuschelig, was durch den Parkinson noch verstärkt wird. Außerdem bin ich langsam und „halte damit oft den ganzen Betrieb auf". Bei Besichtigungen und auch sonst müssen die anderen immer wieder auf mich warten. Schon jetzt, wo der Katalog meiner Handicaps noch lange nicht vollständig ist, spüre ich einen deutlichen Unwillen, daran weiterzuschreiben. Ich will mich nicht nur negativ sehen und beschreiben! Wenn ich von anderen erwarte, dass sie mich nicht auf meine Defizite festlegen, dann sollte ich selber den Unfug lassen, mich schlechter darzustellen, als ich bin. „Nein, du bist kein alter Trottel!", hat meine Frau kürzlich zu mir gesagt, als ich in dieser Mischung von Selbstmitleid und „fishing for compliments" baden wollte.

Aber was dann?! Bis ich etwas Besseres finde, werde ich mich an das alte Hausfrauenrezept halten: „Nicht zu viel und nicht zu wenig, sondern gerade richtig." Das heißt: den anderen sagen und erklären, was sie wissen müssen, dass sie mich richtig einschätzen können, dass sie mit mir zurechtkommen können und wissen, wo sie mit mir dran sind. Also so etwas wie eine Gebrauchsanweisung. Die unterscheidet sich vom Werbetext durch den Verzicht auf alles Wertende und Blumige. Mit dieser klaren Haltung sind dann auch klare Absprachen möglich. Zum Beispiel: Ich sage, wann ich Hilfe brauche – denn ich mag es nicht, wenn mir jemand Dinge aus der Hand nimmt, die ich selbst – vielleicht schlechter, vielleicht aber auch besser – tun kann. Wegen der Schwerhörigkeit muss man mit mir deutlich und nicht zu schnell sprechen, aber nicht lauter.

Der Unwille vom vorletzten Absatz ist jetzt weg; ich fühle mich nicht mehr als armes Opfer, sondern gleichauf.

Man kann es „Outing" nennen oder „dazu stehen", „Offensiven Umgang" mit einer Behinderung oder meinetwegen auch noch einen vierten Begriff dafür kreieren – eines ist sicher: Man kommt nicht darum herum, es zu tun. Ich habe Glück mit der Gruppe hier; man begegnet mir freundlich und hilfsbereit. Manche fragen erst einmal meine Frau, bevor sie sich trauen, mich anzusprechen. Ein Gruppenmitglied sagte am Schluss zu mir, er bewundere meinen Mut, mich gleich am Anfang so klar zu outen. Die Gruppenleiterin dagegen hätte sich mehr Information gewünscht. Für sie war ich mit meiner stark reduzierten Mimik schlecht einzuschätzen.

Ich weiß, dass ein „Poker-face" ein ganz gravierendes Kommunikationshindernis ist. Man kann es einigermaßen kompensieren, indem man seine Gefühle verbalisiert. Die Häufung von Fremdwörtern in den letzten Sätzen könnte ein Hinweis darauf sein, dass mir genau dieses ähnlich schwer fällt wie vielen anderen Männern.

Hilfreich ist es, wenn man Hilfsmittel nicht schamhaft versteckt, sondern offen benützt. Mein Stock z.B., dem man seine Herkunft aus dem Sanitätshaus auch als Laie ansieht, ist eben kein Spazierstock, wie ihn mein Großvater hatte. Er ist ein für jedermann verständlicher Hinweis, dass ich mit dem Gehen Schwierigkeiten habe. Seitdem ich „am Stock gehe" werde ich viel rücksichtsvoller behandelt. Das ist bei Hörgeräten ganz ähnlich, besonders wenn sie eine Fernbedienung haben, die man sieht, oder gar, wenn sie richtig farbig sind. Ob die anderen Gruppenteilnehmer auch mein deutlich hörbares Schnaufen lustig fanden, wenn wir bergan gingen, weiß ich nicht. Das kann man nicht verschämt verstecken, genauso wenig wie die Überbewegungen und das unsichere Sich-aufrecht-Halten, wenn man nach längerem Sitzen wieder aufsteht.

Der Gegensatz zum verschämten Verstecken wäre wohl ein unverschämtes Sich-Zeigen und Wichtig-Tun. Ich glaube nicht, dass ich davon ganz frei bin. Ich kann mir auch durchaus zubilligen, dass ich manchmal beweisen will: Ich bin nicht nur ein Mensch, der dies und jenes nicht kann, sondern ich habe etwas geleistet, ich bin humorvoll und witzig und außerdem keineswegs dumm – und ich vertraue darauf, dass mir meine Frau und meine Freunde sagen, wenn ich da übertreibe.

Damit fertig werden?

„Junge, du hältst den ganzen Betrieb auf!", so lautete der Tadel meines Klassenlehrers in den ersten drei Gymnasialklassen, den ich am meisten fürchtete. Er traf mich an einer empfindlichen Stelle: dem Gefühl, nicht ganz mitzukommen. Es dauerte bei mir manchmal einfach länger, bis der berühmte Groschen gefallen war.

„Junge, du hältst den ganzen Betrieb auf!" Ich hörte dahinter: Sei nicht so, wie du bist, sei anders, sei normal! Damals wusste ich noch nicht, dass mit meinem Gehör etwas nicht in Ordnung war. Ich galt als Träumer, der gefälligst aufwachen sollte.

Nun könnte man sagen: „Das ist lange her", und: „Damit müsstest du eigentlich fertig geworden sein." Das allerdings trifft genau in die gleiche Kerbe, die da heißt: Störe nicht, sei nicht so eigenartig! Merkwürdig, dass „eigenartig" so negativ klingt, beschreibt es doch etwas höchst Erstrebenswertes: die eigene Art zu leben! Aber, wenn zur eigenen Art eine Behinderung gehört, etwas Krankes oder eine Abweichung von der Normalität, macht das dem Gegenüber Angst, nimmt ihm die Sicherheit, dass der Betrieb läuft. Und diese Sicherheit soll der wieder herstellen, der sie erschüttert hat – indem er damit „fertig wird" oder indem er (sie wohl erst recht) ihre Krankheit oder Behinderung akzeptieren, womöglich sogar integrieren.

Achtet man einmal darauf, findet man dieses Muster recht häufig. Da bekommt der Parkinson-Kranke gesagt: „Zum Glück gibt es ja jetzt viel bessere Medikamente als früher." Das stimmt, und man kann sich gemeinsam darüber freuen. Der Hinweis auf die Medikamente kann aber auch den anderen mundtot machen: Was willst du denn?! Halte den Betrieb nicht auf und sei zufrieden! Die Schwesternschülerin hört in der Übergabe, die 80jährige Patientin wolle nicht akzeptieren, dass sie unheilbar krank sei – und bald wird die Schülerin diese Forderung genauso gedankenlos an die Stelle setzen, wo ihr annehmendes und das Leid dieser Frau nicht wegdrückende Verstehen gefragt ist. Ein Oberkirchenrat stellt fest, die Pfarrer mit Behinderungen, die ihre Behinderung akzeptiert hätten, seien für ihn kein Problem, und solches Fertig-Werden müsse zur Voraussetzung einer Anstellung gemacht werden. Dieser Haltung entspricht dann auch das Gottesbild. Zu ihm gehören Kampf und Sieg, Allmacht und Gewalt, aber auch Schutz und Bewahrung.

Kurz zusammengefasst: Der verletzte, kranke, behinderte, Mensch soll sich pflegeleicht machen, indem er akzeptiert, annimmt, damit fertig wird.

Nur, das geht nicht so einfach, und wenn es gelingt, dann hat es einen hohen Preis: den Verzicht auf eigene Lebendigkeit, die Verlegung des Widerspruchs, der außen verboten ist, nach innen, in und gegen die eigene Seele und die Wendung der Aggression gegen die eigene Person. Wenn ich mit etwas fertig werden will, heißt das, ich will es weghaben und nichts mehr damit zu tun haben. Wie kann man das im Blick auf eine seelische oder körperliche Schädigung wollen? Eine Verletzung braucht Pflege, ein körperliches Defizit braucht Strategien der Bewältigung und kreative und liebevolle Kompensation. Was ich mit einer gelähmten Hand noch tun kann, was ich andere tun lassen muss oder wie ich es mit der anderen Hand oder dem Fuß tun kann – das muss ständig neu ausgemacht werden. Orientiere ich mich primär daran, wie man es als „Normaler" macht, oder daran, wie ich es fertigkriege? Es ist ein dauerndes hin und her zwischen ja und nein, zwischen Sich-Abfinden und der Suche nach besseren Alternativen, zwischen der Auseinandersetzung mit Behinderungen und dem Versuch einer stilleren Bewältigung. Beide Haltungen sind möglich und neben- und miteinander so nötig wie das Aus- und Einatmen.

Kathrin Asper, die sich als Psychotherapeutin gründlich mit Fragen der Behinderung beschäftigt hat, spricht vom „Aufrichten", wenn sie eine förderliche Haltung der Helfer oder der Betroffenen meint. Aber, was richtet oder stellt mich auf? Wir alle leben davon, dass wir angenommen werden – von der Mutter, von der Familie, in Partnerschaften. Ich zögere, „von Gott" dazuzusetzen, weil ich ein Mysterium nicht in eine platte Aussage heruntertransponieren will. Andererseits liegt meiner Meinung nach hier der Schlüssel zu so etwas wie der Annahme (m)einer Behinderungen: dass ich mich als bejahten Menschen annehmen kann – mit, nicht wegen und nicht trotz, sondern mit meinen Handycaps. Und zwischen Bejaht-Sein und Damit-fertig-Sein ist ein himmelweiter Unterschied.

Wie hätten Sie's denn gerne?

Wären Sie lieber blind oder taub? Was ist schlimmer: eine angeborene oder eine später erworbene Behinderung? (Manche Formulierungen sind äußerst zählebig. Haben Sie schon einmal einen gesehen, der eine Behinderung „erwirbt", oder einen, der an einen Rollstuhl gefesselt ist? Eine Behinderung wird einem zugefügt, man wird damit geschlagen, man erleidet sie, man hat sie und wird sie nicht mehr los ..., aber „erwerben"?) Die Frage „taub oder blind?" klingt so, wie man beim Metzger gefragt wird: „Die Schinkenwurst geschnitten oder am Stück?" – und dann unvermeidlich: „Darf's auch etwas mehr sein?" Wie hätten Sie's denn gerne – das ist eine Party- oder Talkshow-Frage, die weit neben der Realität liegt.

Man kann natürlich sagen: Durch das Ohr kommt die Welt zu uns, das Auge führt uns in die Welt hinaus. Ohne Gehör ist menschliche Kommunikation sehr viel schwieriger als ohne die Augen. Man kann unterscheiden zwischen angeborener Behinderung, die sich so beschreiben lässt: „Ich bin anders als die anderen, aber ich bin so, wie ich bin, und das gehört zu mir." Eine später dazugekommene Behinderung ließe sich dagegen so ausdrücken: „Ich bin anders als die anderen und anders, als ich einmal war." Diese Unterscheidung hilft mir, mich selbst und meine unterschiedliche Art zu verstehen, mit einer angeborenen und ein paar später erworbenen Behinderungen umzugehen.

Die Frage, was schlimmer ist, noch schlimmer, was man lieber hätte, ist aber nicht nur unsinnig, sondern sie spiegelt eine Souveränität vor, wo wir in Wahrheit ohnmächtig sind. Keiner von uns wurde gefragt, was er lieber wolle und womit man ihn, bitte schön, verschonen soll. Was uns Menschen mit Behinderungen von den Fragern unterscheidet, ist die einfache Beobachtung, dass wir keine Angst mehr haben müssen, behindert zu werden. Deshalb brauchen wir auch keine falsche Souveränität.

Abwärts, immer

Das geht nie mehr weg, und es wird auch nicht besser, sondern immer schlimmer. Diese beiden Feststellungen markieren den Unterschied zwischen einer Krankheit und einer Behinderung. Irgendwo dazwischen gibt es noch den Begriff der chronischen Krankheit. Ich kenne für alle drei keine allgemein anerkannte Definition. Aber die beiden Sätze mit dem gnadenlosen „nie und nimmer" prägen mein Lebensgefühl. Es hat keinen Wert, gegen sie anzurennen. Aber ich will sie auch nicht einfach stehen und mein Leben bestimmen lassen.

Wie oft habe ich mir und anderen klargemacht, dass ich meine Hand schmerzhaft spüre, wenn ich sie gegen einen harten Gegenstand drücke, und je mehr ich drücke, um so größer wird der Schmerz.

Es tut mir nicht gut, wenn ich ständig um mein Behindert-Sein kreise und mich daran stoße. Ich bin ja nicht nur behindert, sondern auch ein Mensch, der denken und schreiben kann; ich bin verheiratet, habe Söhne und Enkel – und bin stolz auf sie; man kennt mich als einen, der einen guten Rotwein schätzt, der gerne mit Freundinnen und Freunden redet und feiert; der sich politisch engagiert und und und …

Natürlich macht das alles die Behinderung nicht weg. Und dass es abwärts geht, wird auch dort spürbar. Ich will mir nichts vormachen. Aber statt mit der Hand dagegenzudrücken und es so wegdrücken zu wollen oder gar mit dem Kopf durch die Wand zu gehen, will ich lieber aufmerksam anschauen und spielerisch probieren, was es denn sonst noch gibt, und mich daran freuen.

„Spielerisch", das könnte ein leicht dahingeschriebenes Wort sein. Es meint hier den Umgang mit der Position „dazwischen". Ich höre schlecht, sogar sehr schlecht – aber ich höre. Manchmal verstehe ich fast alles (vor allem, wenn deutlich und nicht zu schnell, nicht zu viel und nicht durcheinandergesprochen wird). Manchmal verstehe ich nur Bruchteile (z.B., wenn viel und schnell und undeutlich und durcheinandergeredet wird). Gut hörende Gesprächspartner nehmen den Unterschied oft kaum wahr und können deshalb nicht verstehen, warum ich einmal höre und das andere Mal nicht. Gehörlose hören in beiden Fällen nichts. Ich bin dazwischen, und das immer mehr. Und das befremdet. Das ist so, oder vorsichtiger gesagt: Ich meine das sei so, und es sei nicht zu ändern. Aber ich kann meinen Umgang damit ändern. Statt zwischen zwei Stühlen zu sitzen, könnte ich ja einen Stuhl nehmen und (meinen) Platz nehmen, spielerisch ausprobieren, ob der zwischen oder vor oder hinter den beiden andern ist. Und selbst, wenn da gar kein Platz zu finden wäre, könnte ich um Hilfe bitten oder meinen Hut nehmen. Diese spielerische Haltung ist gar nicht so leicht zu erreichen, aber sie erleichtert vieles, macht frei und tut gut. Sie lässt das Leben „swingen". Es geht dann nicht nur bergab, sondern tanzt.

Vielleicht klingt es überraschend, wenn ich als andere Alternative zum negativen Kreisen um die Behinderung und ihre freudlose Hartnäckigkeit Dankbarkeit nenne. Ich habe mich immer wieder an dem Satz aus Psalm 103 gerieben: „Lobe den Herrn, meine Seele, und vergiss nicht, was er dir Gutes getan hat; der dir alle deine Sünde vergibt und heilet alle deine Gebrechen …" – „Wann denn?!" Und „Wo denn?!", wollte ich fragen, laut und deutlich und empört. Und schon gar nicht leuchtet mir die pauschale Verbindung von „Sünde" und den „Gebrechen" ein.

Mit Dankbarkeit meine ich die Haltung, die unsere Seele aufgehen lässt und die Erinnerungen ans Licht bringt. Wenn ich dankbar bin, vergesse ich nicht, dass meine Frau sich um mich sorgt und dass ich ohne sie kaum mehr zurechtkäme. Dankbarkeit versteckt das Belastende nicht hinter künstlichen Blumen, aber sie ebnet den Weg zu Erinnerungen.

Oswald Kettenberger OSB, ein renommierter Fotograf, sagte mir am Telefon, er könne mir keine Bilder mehr schicken, er sei erblindet. Auf meine spontane Äußerung, das müsse für ihn als „Augenmenschen" ja besonders schlimm sein, antwortete er bescheiden und mit einer gelösten Heiterkeit: „Nein, ich habe so viele innere Bilder. Ich bin dankbar dafür."

„Der Schmerz des unendlichen Falls"

Schon mal was von Hephaistos gehört?
Hephaistos? War das nicht ein griechischer Gott? Bei Günter
Jauch hätten Sie mit dieser Antwort vielleicht schon 32.000 €
„verdient". Wissen Sie auch, was ihn kennzeichnet? (Wenn das
keine Millionenfrage ist!) Er ist Schmied, Kunstschmied und
Ingenieur, genialer Erfinder, kreativer Handwerker. Und er ist
behindert. Er kam schon etwas schwächlich zur Welt, bzw. auf
den Olymp, worauf ihn Hera, seine Mutter, enttäuscht nun eben
doch in Richtung Welt schmiss. Der harte Aufprall auf dem
Meer brach ihm die Beine. Seit damals hinkt er. Aber bei dem
unsanften Sturz ins Mittelmeer fiel er Meeresnymphen direkt in
den Schoß. Die sorgten für ihn und richteten dem begabten
jungen Gott eine Schmiedewerkstatt ein, wo er wahre Wun-
derwerke schuf: goldenen Schmuck, aber auch fahrbare Sche-
mel, die ihn schnell dorthin brachten, wo er gerade sein wollte.
Ja, er soll sogar goldene Frauen geschaffen haben, die ihm die
Arbeit abnahmen. Er ist sozusagen der Erfinder des Elektro-
rollstuhls und des Industrieroboters. So kreativ und so gotts-
allmächtig er war – er konnte seine Behinderung zwar kompensieren, aber er blieb behindert, auf ewig behindert, auch als
Gott.

Als Mensch mit Hörgeräten profitiere ich davon, dass es solche
Hephaistos-Typen gibt: Wissenschaftler und Techniker, die
unermüdlich daran arbeiten, noch bessere Hörgeräte auf den
Markt zu bringen, mit noch raffinierterer Spracherkennung und
mit noch besserer Unterdrückung des Störschalls, kompatibel
mit der ganzen restlichen Elektronik im Haus. Ich bin dankba-

rer Abnehmer. Als Mensch mit Behinderungen verstehe ich aber auch die schier grenzenlose Wut des Hephaistos auf seine Mutter, die ihn verstoßen und körperlich geschädigt hat. Homer lässt den Hephaistos sagen, er leide unter dem „Schmerz des unendlichen Falls". So, als Fall ins Bodenlose, erleben auch heute noch manche Menschen ihre Behinderung.

Andere machen aus dem Hephaistos ein vorbildhaftes „Stehaufmännchen" und sagen: Jede Krise ist auch eine Chance. Wer kreativ ist, findet aus jeder Sackgasse einen Ausweg. Und: Die größten Niederlagen sind die schönsten Herausforderungen. Aber das ist Hephaistos light ohne Hephaistos' Leid. Sein Leid war, dass er mit aller Technik und Geschicklichkeit nicht glücklich wurde. Er hatte sich mit einem Trick die schöne Aphrodite, die Göttin der Liebe, als Frau erkauft, aber die ging mit seinem Bruder Ares fremd. Er überlistete die beiden mit einem Netz, das sie im Bett umschlang und gab sie dem Gelächter der übrigen Götter preis, aber Aphrodite wollte jetzt erst recht nichts von ihm wissen. „Wie sehe ich aus neben Ares?! Säbelbeinig und klein!", war sein frustriertes Fazit.

Brillen und Herzschrittmacher, Prothesen und Hörgeräte sind Krücken, Hilfsmittel, Ersatz für etwas und keineswegs erste Wahl. Manchmal sogar goldene Krücken und echte Schmuckstücke. Hephaistos hätte seine Freude daran. Vielleicht würde er die Brille erfinden, die man nie suchen muss, und das Hörgerät, mit dem man auch Geflüster versteht und Gedanken lesen kann, oder einen implantierbaren Chip mit Namensgedächtnis – aber restlos glücklich würde er auch damit nicht. Wenn man das überhaupt werden kann, dann nur von innen heraus.

„... alles außer Fahrradklingeln!"

Fast lautlos kommen sie von hinten, manchmal einzeln, manchmal ganze Meuten, mit Helm, tiefdunkler spiegelnder Sonnenbrille, farbenprächtigem eng anliegendem Trikot, als kämen sie vom Ballett, auf super-mega-geilen Mountainbikes mit 27 Gängen, vollgefedert und mit kombiniertem Tacho, Kilometer- und Pulszähler – und bevor ich das richtig registriert habe ... nein, nicht das Kennzeichen, die haben gar keines! –, bevor ich den rasenden Radfahrer richtig wahrgenommen habe, schreit er schon – allen Diskriminierungsverboten zum Trotz: „Du blöder Opa, hörst du gar nichts!!??" Weder bin ich per Du mit ihm noch blöd, und ich höre mit Hörgeräten erstaunlich viel! Das einzige was stimmt: Ich bin stolzer Großvater von zwei Mädchen und zwei Jungen, und mit denen will ich auf Spazierwegen gehen können, ohne von hinten angeschrieen oder gar angefahren zu werden.

In Ägypten und Israel gab es schon vor ein paar tausend Jahren die Spielregel, einem Blinden nichts in den Weg zu legen und einen Stummen nicht zu beschimpfen – weil der Blinde das Hindernis nicht sieht, und der (Taub-)Stumme, den man heute als „Gehörlosen" benennt, sich nicht verteidigen und wehren kann. Von Fahrrädern hatten die noch keine Ahnung. Glückliche Welt, in der man ungefährdet seine Enkel spazieren führen konnte!

Bei uns dagegen sieht es eher so aus, als würden es von Tag zu Tag mehr Fahrräder. Die möchten Autofahrer auf den Gehweg und Fußgänger wieder auf die Straße schicken. Sie stören einfach immer! Natürlich störe auch ich die Radfahrer. Nicht absichtlich, sondern einfach weil ich auf Fahrradklingeln, die ich nicht höre, auch nicht reagieren kann. Manchmal allerdings höre ich sie sehr deutlich. Aber das ist dann meistens der Tinnitus. Und der fährt bekanntlich nicht Fahrrad, sondern spukt in meinem Kopf herum. Zurück zu den real klingelnden Fahrradfahrern: Soll ich mir ihretwegen eine Armbinde mit durchgestrichenem Ohr zulegen (gibt's die?) oder vom Akustiker ein bedrucktes T-Shirt holen:

„Mit Hörgeräten vom Akustikermeister Meistermann hören Sie alles außer Fahrradklingeln."

Oder ist es im 21. Jahrhundert technisch möglich, Hörgeräte und Fahrradklingeln so aufeinander abzustimmen, dass Zusammenstöße, verbale oder materielle, etwas weniger wahrscheinlich werden? Sie meinen, das erfordere unmöglich zu bewältigende Absprachen und Ausgaben? Ein Land, das wegen jeder zweiten Hofeinfahrt einen Kreisverkehr einrichten kann, sollte sich da nicht lumpen lassen.

Und wenn nichts anderes übrig bleibt? Humor und Toleranz! Auch da werden manche lieber herumnörgeln und ein paar Härlein in der Suppe finden, aber wir könnten ja schon einmal von alleine damit anfangen.

HUMOR UNTERLÄUFT
DIE HÜRDEN

HUMOR als Hilfe zum
Bewältigen von Behinderungen,
damit meine ich nicht die Späße,
mit denen man sich
über Schwierigkeiten weglügt.
HUMOR ist für mich
so etwas wie der kleine Bruder
des Glaubens –
frech und ein bisschen respektlos,
vor allem gegenüber
Tabus, Vorurteilen
und gestelzten Autoritäten.

HUMOR lebt davon,
die Dinge anders zu sehen,
und nimmt sie nicht so ernst,
obwohl er ihnen ins Gesicht sieht.

HUMOR unterläuft
mit freundlicher Unverschämtheit
die Hürden, die man im Ernst
und mit Anstrengung
nie überwinden würde.

HUMOR vertraut darauf
dass es schon irgendwie gut geht –

oder mindestens,
dass es auch etwas Gutes hat.

HUMOR ist auf eine
erfrischende Art versöhnlich,
ohne zu verharmlosen.

HUMOR muss nicht siegen.
Er gedeiht auch
auf der Verliererseite
und geht im Scheitern nicht unter.
Zwar kann er dann bitter werden,
aber er kann sich auch
mit der Gelassenheit einlassen,
die Dinge zu nehmen,
wie sie nun einmal sind,
und trotzdem befreiend aufatmen.

„Hilfe, ich brauche Hilfe!"

„Diesen Luxus kann ich mir nicht mehr leisten", antwortete Hella auf meine Frage, ob es ihr nicht peinlich sei, dass ich sie als Mann auf die Behindertentoilette bringen und ihr beim Ausziehen helfen musste. Ich habe wohl eine banale Floskel darauf erwidert, was man eben so sagt, z.B., sich helfen zu lassen sei schwerer als zu helfen. So richtig das ist, so leicht ist es dahergesagt. Von mir selbst kenne ich die Scham, hilflos zu sein und Hilfe annehmen zu müssen. Das zu wissen hilft mir – manchmal mehr, manchmal weniger –, mich nicht zu schämen und auch nicht „unverschämt" zu werden. Denn im Grunde ist es ja nicht nötig, sich zu schämen, wenn man Hilfe braucht, noch ist es sinnvoll, einen Menschen bloßzustellen, der mir nicht helfen kann oder will.

Mich hat die Formulierung „der Luxus der Scham" seitdem begleitet. Es leuchtet ein: Wenn man beide Hände voll zu tun hat, kann man nicht auch noch ein Feigenblatt an die richtige Stelle halten, wenn die Hände nicht funktionieren, schon gar nicht. Dass man's trotzdem gerne tun würde, steht auf einem anderen Blatt.

Der „Luxus der Scham" ist ein Ausdruck der Resignation. Der Zweizeiler: „Ist der Ruf erst ruiniert, lebt sich's gänzlich ungeniert", preist eine Scheinlösung an, die das belämmerte Gefühl überdecken soll, dass mir gar nichts anderes übrig bleibt, als so zu tun, als ob ... Stattdessen die eigenen Fähigkeiten anzuerkennen und Hilfe anzunehmen, wenn ich sie brauche, das habe ich bei einem Spaziergang in luftiger Höhe begriffen.

Als ich Prof. Dr. med. Mehl fragte, ob ich mich mit Parkinson, einer teilweisen Lähmung des linken Arms, mit Herzschrittmacher und ein paar weiteren Macken aufs Hochseil wagen könnte, schaute er mich mit freundlichem Lachen an und sagte: „Wollen Sie?", und damit war die Frage entschieden. Mit anderen Ärzten und Therapeuten war ich in die Klinik „Wollmarshöhe", in der Nähe von Ravensburg, gekommen, um das Konzept dieser außergewöhnlichen Klinik kennenzulernen. Und dazu gehört ein „Hochseilgarten", auf dem Teamfähigkeit und Selbstbewusstsein trainiert werden. Dabei kommen natürlich auch die dazugehörenden Ängste ans Tageslicht, so dass dann – frei nach Paul Gerhardt – „all Angst, Furcht, Sorg und Schmerz ins Meeres Tiefe hin" geworfen werden kann. Zwar steht der Hochseilgarten nicht am Meer, zum Bodensee fährt man noch eine halbe Stunde, aber in die Tiefe geht's von oben gesehen so sehr, dass nicht wenige gleich wieder umkehren wollen, wenn sie über eine Art Strickleiter die erste Plattform erreicht haben.

Umkehren wollte ich nicht, aber mit 1 ½ Armen eine Strickleiter hochzusteigen, ist gar nicht so einfach. Ich brauchte Hilfe. Andere auch. Und ich bekam genau die Hilfe, um die ich bat. Das Team um Prof. Mehl unterstützte mich so passgenau, dass ich zwar etwas schräg, aber innerlich mit aufrechtem Gang die Strickleiter hochkam. Das anfeuernde Lob der anderen Teilnehmer tat ein Übriges. Beim zweiten „Aufstieg" – diesmal als Patient der Klinik – bat ich darum, mich nicht zu loben oder gut zu finden, weil ich trotz meiner Handicaps auf dem Hochseil herumturne. Denn solches Lob macht gleichzeitig klein – so ähnlich wie die gönnerhafte Bemerkung eines Patriarchen, Frau X mache einen guten Job, im Grunde gleich gut wie ein

71

Mann. Dass auch diese Anerkennung im ersten Moment gut tut, macht es nicht leichter, den bitteren Nachgeschmack bewusst wahrzunehmen. Also, ich bat darum zu sagen: „Das machst du gut", und nicht: „Dass du das mit deinen (schweren) Behinderungen wagst ..."

Abschätzen musste ich freilich mit meiner „Trainerin" – ich bezeichnete sie als meinen „Schutzengel" –, was ich mir und ihr zumuten kann und will. Alles, wozu man unbedingt zwei gleich starke Arme braucht, kam nicht in Frage. Aber braucht man die für die vor mir liegende, nein, hängende Passage über schwankende Bohlen wirklich? Nicole, mein Schutzengel, musste mich mit meinen 80 kg wieder auf die Füße stellen, wenn ich schräg in den Seilen hängend nicht mehr vor- und zurückkam. Ich dagegen wusste aus eigener Erfahrung, dass Leute mit zwei gesunden Händen keine Ahnung davon haben, was man mit einer Hand allein alles machen kann. Wir mussten uns verständigen, also den hoffentlich gesunden Menschen- und Sachverstand einsetzen, um zu verstehen. Und nicht nur das. Gegenseitige Achtung nahm jeder Situation die Peinlichkeit.

Zugegeben, ich bin ein wenig stolz, dass ich das geschafft habe, mit meinen Handicaps. Und ich bin sehr dankbar für die Erfahrung, mir helfen zu lassen, ohne mich klein machen lassen zu müssen. Den schönsten Kommentar hörte ich von meinem 4jährigen Enkel, der ein Foto von mir auf dem Hochseil in der Hand hatte: „Opa, du bist ein Held!" Ohne falsche Scham füge ich hinzu: Irgendwie schon.

Führerschein ade?

Irgendwann kommt bei vielen Behinderungen der Zeitpunkt, an dem Auto fahren zum Problem wird. Ein Unfall oder der nachhaltige Schreck eines Beinahe-Unfalls, die ständige Angst der Partnerin oder des Partners können der Anlass sein, dass dieses Thema auf den Tisch kommt. Eher seltener ist es die eigene Einsicht. Wie leicht sagt man bei anderen: „Also, die oder der sollte wirklich nicht mehr hinterm Steuer sitzen!"? Schon schwieriger ist es zu sagen: „Hast du schon einmal überlegt, ob du noch sicher genug bist als Fahrer? Ich meine, dass du nicht mehr lange selbst fahren solltest."
Für die meisten Männer ist diese Aussage aber so etwas wie eine Majestätsbeleidigung, und darauf steht fast überall die Todesstrafe. Es ist eine Beleidigung seiner Majestät des Ich, denn *ich* kann ja gut fahren – aber die anderen! Das Steuer nicht mehr in der Hand zu haben, bedeutet für viele, kein ganzer Mann mehr zu sein. Und das ist nicht nur problematisch oder gar pathologisch, sondern sehr leicht nachvollziehbar.

Ich habe mit 18 den Führerschein gemacht und bin bis zum 65. Lebensjahr, also 47 Jahre, selbst gefahren. 36 Jahre lang – das ist mehr als die Hälfte meines Lebens – hatte ich mein eigenes Auto. Einkaufen, Urlaub, Besuche machen, verschiedene Termine wahrnehmen, schnell mal da oder dorthin fahren, abends noch eine Pizza holen – wie mache ich das jetzt ohne Auto?

Manchmal muss ich sagen: Es geht einfach nicht. Zwar lautet das Motto einer bekannten japanischen Automarke: „Nichts ist unmöglich!" Das klingt vielleicht gut, aber realistisch ist: Es kann nicht alles so gehen, wie ich es will. Zum Glück kommt das relativ selten vor, dass einfach nichts zu machen ist. Meistens fährt meine Frau, die sich auch durch meine Ungeduld als Beifahrer immer weniger davon hat abhalten lassen, selbst zu fahren.

Oder ich nehme den Bus. Der fährt so etwa nach Fahrplan. Aber nach seinem, nicht nach meinem. Und das heißt, er fährt vor allem zu den Zeiten der Schüler und der arbeitenden Bevölkerung, aber nicht, wenn ihn Rentner und Ruheständler brauchen. Es kommt noch dazu, dass ich der Sicherheit zuliebe mir eine „Gehhilfe", sprich: einen Stock, habe verschreiben lassen. Es stört mich wenig, dass ich damit alt aussehe. Ohne Stock fühle ich mich unsicher, und dann wirke ich bestimmt noch älter! Aber wenn ich jetzt mit einer Einkaufstüte (es darf auch eine Jute-Tasche sein) in der einen und dem Stock in der anderen Hand in den Bus einsteigen will – mit welcher Hand halte ich mich fest? Und dann bräuchte ich noch eine vierte Hand, um dem Fahrer meinen Ausweis zu zeigen. Und wenn der schnell anfährt, ist mein auch sonst nicht so ganz aufrechter Gang ernsthaft in Gefahr. Mein Dilemma und das des Fahrers reichen sich dann die Hand (noch eine Hand!): Wir wollen beide pünktlich am Ziel sein. Um den Fahrplan einzuhalten, will er schnell losfahren. Und ich will nicht schon wieder stürzen und dann womöglich im Krankenhaus landen.

So viel zum Bus. Die vierte Möglichkeit: Ich frage Freunde und Bekannte, ob sie auch zum Vortrag oder Konzert, zur Mitgliederversammlung oder zur Redaktionssitzung oder sonst wohin fahren und mich mitnehmen können. Man kann das als Schmarotzertum ansehen und sich dabei schlecht fühlen, oder

als praktizierten Umweltschutz oder eine neue „Nachbarschaftlichkeit". Das gibt gleich wieder ein besseres Gefühl. Schließlich gibt es ja auch noch Taxis. Mir den Luxus einer Taxifahrt zu gönnen, tut zwar meiner schwäbischen Seele weh – zu ihrer Grundausstattung gehört ein Sparbuch. Aber schon für die eingesparte Garagenmiete könnte ich mir einige Fahrten mit dem Taxi leisten. Trotzdem schiebe ich schon die ganze Zeit auf dem Monitor meines PC die Zeile vor mir her:
Und da soll ich freiwillig aufs Auto fahren verzichten?!

Es mag 1000 gute Gründe geben, dass gerade Sie und ich aufs Auto nicht verzichten können. Kein einziger dieser Gründe wiegt auf, was es heißen würde, einen Menschen, womöglich ein Kind zu überfahren, weil ich parkinsonbedingt zu langsam reagiert habe oder weil ich die Situation nicht übersehen habe oder am Steuer eingeschlafen bin. Viele Arten von Behinderungen zwingen einen dazu, über diese Frage gründlich nachzudenken. Soweit ich weiß, sind wir Menschen mit Behinderung weniger oft in Unfälle verwickelt als die ohne Behinderung. Vielleicht weil wir mehr nachdenken.
Dem Denken sollte das Handeln folgen! Ärzte verbieten zum Teil aus (berechtigter) Furcht vor rechtlichen Problemen das Fahren. In manchen Fach-Kliniken gibt es Fahrsimulatoren, und die Psychologen oder Ärzte dort kennen außer Verbot oder Unbedenklichkeitsbescheinigung fein abgestufte Empfehlungen, wie und wann Auto fahren möglich erscheint. Außerdem haben die den Vorteil, dass sie sich mit unseren Krankheitsbildern auskennen und deshalb die Testergebnisse realistischer werten können. Was sie einem nicht abnehmen können: die

verantwortliche Entscheidung, ob ich jetzt, bei Fahrtantritt fahrtüchtig bin. Die muss jeder selber fällen.

Ich schreibe dieses Kapitel so ausführlich, weil ich weiß, welche Dramen sich da abspielen. Wahrscheinlich ist es für viele Männer schlimmer, wenn sie nicht mehr Auto fahren können, als wenn sexuell nicht mehr viel möglich ist. Die Forderung, das „dann halt in Gottes Namen" zu akzeptieren, wie meine fromme Tante Luise sagte, hilft wenig. Was mir geholfen hat? Die Unterscheidung von Widerstand und Ergebung, um Bonhoeffers Formulierung erneut ins Gedächtnis zu rufen, also das bewusste Austarieren von Energie, die ich zur Änderung von Umständen und Situationen brauche, und dem Loslassen, wenn ich (ein-)sehe, dass ich die Dinge nur hinnehmen und sie nicht ändern kann.

Mir fällt es sehr viel leichter, aus freiem, eigenem Entschluss solche Entscheidungen zu fällen, als mich einer Anordnung zu unterwerfen. „Ich darf nicht mehr selber fahren." Diesen Satz könnte ich wohl nur schwer akzeptieren. „Ich werde und will nicht mehr fahren." Mit einer solchen Haltung „fahre" ich besser.

Sich verhören

Jeder verspricht sich einmal. Das berühmteste Beispiel dafür ist jener frustrierte Angestellte, der bei der Weihnachtsfeier aufstand und sagte: „Lassen Sie uns auf das Wohl unseres hochverehrten Chefs aufstoßen!" Der große Psychologe Sigmund Freud hat eine Abhandlung darüber geschrieben, dass bei solchen Versprechern oft ein Stück verleugneter Wahrheit zum Vorschwein kommt – Entschuldigung, ich wollte natürlich schreiben „zum Vorschein kommt". Was macht man, wenn man sich versprochen hat? Rot werden? Vor Scham in den Boden versinken? Einfach weiterreden? Das Beste ist, noch eins draufzusetzen und zu sagen: „Das war doch ein wirklich schöner Versprecher" (Vorsicht! „Verbrecher"). Dann hat man die Lacher auf der eigenen Seite, und die Situation wird entspannt. Nur, so ein Satz fällt einem dann eben nicht ein, wenn man ihn nicht vorher schon auf Vorrat im Kopf abgespeichert hat.

Mit dem „Verhören" ist es ganz ähnlich. Der Kellner im China-Restaurant fragt mich: „Moorschwalbe?" Ich weiß nicht, was das soll, und denke: Vielleicht ist das ein chinesisches Gericht. Nochmals sagt er „Moorschwalbe?" Meine Kollegin hilft mir aus der Patsche: „Ob du eine Frühstücksrolle oder eine Suppe als ‚Vorspeise' willst." Ich erzähle ihr meinen „Verhörer", und darüber zu lachen ist Appetit anregender als die Suppe. Im Laufe meiner Ausbildung zum Psychotherapeuten lernte ich ein Testverfahren, bei dem die Testperson jeweils das erste Wort sagen muss, das ihr zu einem Stichwort des Testers einfällt. Wir übten das unter uns. Mein Testkollege fragte nachher: „Bist du ein Pfarrer?" – „Warum?" – „Du hast auf das Stichwort ‚Tod' als meine Antwort aufgeschrieben: ‚Himmel'. Das habe ich aber nicht gesagt." – „Ja, ich bin Pfarrer – und ich höre schlecht. Was hast du denn geantwortet?" – „Immer." – „Und was bist du von Beruf?" – „Chirurg." Seitdem lachen wir uns augenzwinkernd zu, wenn wir uns begegnen.

Ähnlich entspannend war die Reaktion einer Schülerin in der zweiten Grundschulklasse. Als ich zum ersten Mal etwas ängstlich mit Hörgeräten im Ohr die Klasse betrat, fragte sie ungeniert: „Herr Vikar, was hasch denn du im Ohr?" Ich gab ihr zur Antwort: „Hörgeräte, die brauche ich, dass ich euch besser verstehe." Sie darauf: „Des hat mei Großvater auch ghabt – on dann isch er gschtorbe." Meine Hörgeräte waren kein Problem mehr.

Was hindert uns daran nachzufragen, wenn wir etwas nicht richtig verstanden haben? Die Antwort ist sehr einfach. Wir genieren uns und haben Angst, für (schwerhörig, also) dumm gehalten zu werden. Diese Angst diktiert uns, niemand dürfe wissen, dass wir schlecht hören; und vor allem: Wir dürfen keine Fehler machen. Es gibt ein paar wenige Situationen, in denen das Nachfragen nicht sinnvoll ist, z.B. wenn ein Witz erzählt wird, den man auch nach einer freundlichen Wiederholung (rein akustisch!) immer noch nicht versteht. Ab der dritten Wiederholung sind fast alle Witze tot. Im Normalfall wird eher der für dumm gehalten, der nicht nachfragt, deshalb falsch versteht und eine „dumme" Antwort gibt. Und trotzdem nicken die meisten zustimmend, auch wenn sie gar nicht wissen, um was es gerade geht. Die entnervte Tochter einer älteren schwerhörigen Frau brachte ihre Mutter mit folgendem Satz dazu, zum Akustiker zu gehen: „Du sagst auch noch mhm, wenn man dich fragt, ob man dir den Kopf abschlagen soll!"

Lässt sich Humor lernen? Womöglich mit einem Übungsprogramm „Wie Sie sich in jeder Situation mit Witz aus der Affaire ziehen"? Nein, danke. Lieber lasse ich mich anstecken und stecke andere an, innerlich einen Schritt zurückzugehen, Luft zu holen und dann dem Lachen nichts in den Weg zu stellen. Verstanden?

Einer der Kirchenväter soll gesagt haben: Lache nicht, wenn einer einen Rückschritt macht – es könnte sein, er nimmt einen Anlauf.

„Glotzt doch nicht so blöd!"

Da ich einige Handicaps habe, kann ich sagen: Ich habe auch einige Erfahrung im Umgang mit fragenden oder neugierigen oder auch abwertenden Blicken, Bemerkungen oder Verhaltensweisen. Ich mag es nicht, wenn ich angestarrt werde, aber ich verstehe, dass andere meine Behinderungen sehen und sich erstaunt fragen: Was ist mit dem? Wie kommt er damit zurecht? Woher kommen seine Körperhaltung und sein offensichtlich gelähmter und kürzerer linker Arm? Hinter der Neugier, die ich wahrnehme oder auch nur vermute, könnte ja auch echte Anteilnahme stehen.

Fast modellhaft hat mein damals etwa 10-jähriger Sohn reagiert, als ich mit knapp 40 erste Schwimmversuche im Hallenbad unternahm und er seinen Vater den kritischen und von ihm wohl als beschämend erlebten Blicken ausgesetzt sah. Er stellte sich an den Rand des Beckens und rief laut: „Glotzt doch nicht so blöd! Schwimmt doch ihr mal mit nur einem Arm!" Er hat damit die Behinderung benannt, und zwar nur so weit, wie es in der Situation nötig war („nur ein Arm") und er hat das ressourcen-orientiert getan („mein Vater kann mit nur einem Arm trotzdem schwimmen") und er hat sich mit mir solidarisiert, nicht gejammert oder sich und mich klein gemacht („mein Vater ist ein armer, bedauernswerter Behinderter").

Wenn ich mich blöd angemacht fühle, fällt mir oft diese kleine Begebenheit ein. Ich richte mich dann auf, mache mir meinen Wert bewusst und kann aus dieser Haltung heraus humorvoll oder sachlich antworten. Man muss lernen, zu sich selbst zu stehen. Hilfreich ist dafür, wenn man erlebt, dass man auch von anderen akzeptiert wird. Ob ich das immer so positiv erlebe? Natürlich nicht. Aber immer öfter.

Was wir weitergeben

„Vom Vater hab ich die Statur, des Lebens ernstes Führen, vom Mütterchen die Frohnatur, die Lust zum Fabulieren ...", (Goethe). Von wem oder was habe ich Schwerhörigkeit und Parkinson? Um es gleich vorwegzusagen, viel bedrängender ist die Frage: Was gebe ich an die nächsten Generationen weiter? Genauer gesagt, nicht an eine Generation als abstrakte Größe, sondern an meine Kinder, die Namen haben, und an meine Enkel, die ich gerne habe und denen ich ein gutes und erfülltes Leben wünsche.

Goethe hat die Lust zum Fabulieren nicht weitergegeben, ob sein Sohn und mögliche weitere Kinder die Statur ihres Großvaters geerbt haben, weiß ich nicht; deren Kinder wiederum wussten vielleicht gar nicht, wem sie ihren Hang zu einem großzügigen Liebesleben verdanken. Aus der Lust zum Fabulieren und dem spielerischem Abgleichen des Nachwuchses mit seinen Vorfahren werden schnell sehr ernste Fragen an das Schicksal, die Natur oder Gott, wenn Krankheiten oder Dispositionen zu unerwünschtem Verhalten zur Familientradition gehören. Sicher ist, dass wir, um eine alte Redensart zu gebrauchen, auf den Schultern unserer Vorfahren stehen, dass sie das Leben an uns weitergegeben haben und dass wir alle unter Bedingungen geboren und aufgewachsen sind, die wir uns nicht aussuchen konnten. Trotzdem machen viele Menschen ihre Eltern dafür verantwortlich, dass und wie sie geboren wurden. Hephaistos (S. 64) will von seiner „entsetzlichen" Mutter nichts mehr wissen, die ihn „verworfen" und ihm den „Schmerz des unendlichen Falls" zugefügt hat. Wie Jeremia klagt er darüber, dass er gezeugt und geboren wurde. Mütter und zunehmend auch Väter fühlen sich ganz allgemein für ihre Kinder verantwortlich. Die „Unarten" fremder Kinder werden gewöhnlich leichter toleriert als die der eigenen. Wenn diese behindert auf die Welt kommen, fühlen sich Eltern womöglich auch dafür verantwortlich und entwickeln Schuldgefühle. Im Zusammenhang mit einem anderen Verständnis von Behinderung, das nicht nur die Defizite sieht, erlebe ich bei heutigen Eltern eine für beide Seiten günstigere Haltung.

Erst als ich längst erwachsen war, wurde mir klar, dass ja nicht nur meine Mutter sich mir gegenüber schuldig fühlte, weil sie mich als Kind mit einem gelähmten Arm geboren hat. Dass ich am Leben geblieben bin und weil ich ihr mit der Behinderung Sorgen und Mühe gemacht habe, war für sie sicher auch manchmal lästig, was wiederum zu Schuldgefühlen führte. Darunter haben wir beide gelitten; sie, weil sie sich dann als „Rabenmutter" vorkommen musste, ich, weil ich mich für die Ursache der ganzen Misere hielt.

Ich kann mir gut vorstellen, dass Sie die letzten Sätze etwas unübersichtlich finden. In der Tat, diese Gefühle sind mehrfach über Kreuz. Und wenn man sie zu einfach beschreibt, wird es falsch. Deshalb haben die Teilnehmenden einer Tagung über Parkinson und Psychologie kürzlich die Forderung erhoben, wer eine Krankheit oder Behinderung wie Parkinson oder MS habe, sollte von den Kassen automatisch Psychotherapie bezahlt bekommen. Um zu vermeiden, dass damit Behinderungen sozusagen durch die Hintertür wieder als Makel abgestempelt werden, schlage ich vor, eine Kooperation von Beratungsstellen und Selbsthilfegruppen anzustreben.

Die erst vor rund 50 Jahren entstandene Möglichkeit, mit der Pille sozusagen problemlos regeln zu können, dass eine Frau

nicht schwanger wird, hat ebenso wie die routinemäßige vor-
geburtliche Diagnostik (und gegebenenfalls Abtreibungen) die
Situation völlig verändert. Ob sie wollen oder nicht, müssen
Eltern heute über das Leben ihrer Kinder Entscheidungen fällen – oder zumindest entscheiden, dass sie diese Entscheidung
nicht fällen wollen –, die man eigentlich nicht fällen kann:
„Wollen wir dich so akzeptieren, wie du bist, oder machen wir
dich weg?" Noch können Eltern entscheiden, dass sie diese
Entscheidung nicht fällen wollen, und die Untersuchungen
verweigern.

Beim Schreiben wird mir deutlich, dass ich keine stimmigen
Worte finde, sondern nur medizinisch-technische oder gefühls-
kalte Formulierungen. Liegt es daran, dass unsere Ethik und
das Wertesystem, das wir mehr oder weniger bewusst über-
nommen und vielleicht auch ausgebildet haben, der Entwicklung hinterdreinhinkt? Es ist doch alarmierend, wenn es als
„normal" gilt, ein behindertes Kind abzutreiben, und man be-
gründen muss, warum es leben darf.

Ich bin froh, dass meine Parkinson-Erkrankung nicht genetisch
bedingt ist – nach dem derzeitigen Stand der medizinischen
Wissenschaft. Und ich weiß nicht, wie ich mich verhalten würde, wenn das Ergebnis der Genanalyse anders ausgefallen wäre.

Wir haben uns das Leben nicht selbst gegeben, und wir sind
nicht dafür verantwortlich, welche Gaben und Begabungen wir
haben; das Leben ist ein Geschenk. Für mich ist das ein guter
Satz, der mich entlastet.

John M. Hull, ein blinder Theologe, schreibt in seinem Buch
„Im Dunkeln sehen", seine Blindheit sei so etwas wie ein Ge-

schenk, und korrigiert sich dann: „Das Blindsein ist das Geschenkpapier (in welches das Geschenk eingewickelt ist, G.L.) oder das Medium. Das Geschenk liegt tiefer, auf der anderen Seite des Blindseins" (S. 232).

Unabhängig davon habe ich formuliert: „In der Auseinandersetzung mit den Behinderungen bin ich der Mensch geworden, der ich bin. Sie sind nicht gerade ein Segen, aber ich empfinde mein Leben mit ihnen als gesegnet und gut." Diese Erfahrung möchte ich dem Trend entgegenstellen, der nur ein „normales" und unbehindertes Leben akzeptieren will.

Im Märchen „Hans, mein Igel" wünscht der Vater seinem Sohn, der von ihm selbst als Igel verwünscht auf die Welt gekommen war, den Tod.

„... und wünschte, dass er tot wäre"
nicht wäre, wie er ist
und wäre, wie er nicht ist
wie denn
verwünscht und verwachsen
sollte er sein
erwünscht und erwachsen
wäre er
wünschte er
würde er wachsen

endlich ist er

„Litaneiernde Pflichtübung"?

„... Wir bitten dich für alle Kranken, für die Arbeitslosen, für die Behinderten und die Sterbenden, für alle die unter Hunger und Kriegen leiden – Herr, erbarme dich. Kyrie ..." Denkt der Pfarrer da auch an mich? Ich bin laut Ausweis 100% schwerbehindert. Gehöre ich in einen Topf mit Sterbenden? Mit denen, die hungern? Muss die Gemeinde für mich beten? Muss sie so für mich beten? Mir geht es nicht schlecht. Ich bekomme das gleiche Gehalt wie die nicht behinderten Kolleginnen und Kollegen. Ich bin sozial abgesichert. Ich werde medizinisch so gut versorgt wie alle anderen, sofern sie in Mitteleuropa leben. Gewiss, ein paar ärgerliche Dinge fallen mir auch ein. Jeder zweite Antrag auf Anerkennung als schwerbehindert wird abgelehnt. Wer dagegen klagt bekommt in 50% der Fälle Recht. Da fragt man sich doch, ob diese Ablehnungspraxis Methode hat. Wenn mir Hilfe aufgenötigt wird, die ich nicht brauche, oder eine oder einer mit Mitleid kommt, ärgert mich das. Ich finde es skandalös, wenn Menschen mit Behinderung von vornherein als weniger gescheit und leistungsfähig eingeschätzt werden.

Das neue Schlagwort heißt Inklusion. Es meint nicht, dass alle eingeschlossen und über einen Leisten geschlagen werden, sondern dass alle verschieden, aber gleichwertig sind und dass keiner wegen seiner Andersartigkeit ausgeschlossen werden darf.

Hat der Pfarrer, der inzwischen schon mit dem Vaterunser fast fertig ist, das alles gemeint, als er die Behinderten routinemäßig ins Fürbittegebet eingeschlossen hat? Ist das ein Gebet oder eine litaneiernde Pflichtübung?

Wie geht es ihm, wenn ich ihn „mit allem, was uns sonst noch bewegt, ins Gebet des Herrn einschließe"? Ich fürchte, da wird's eng. Mir fällt ein Kollege ein, der die Indiskretion von manchen „Fürbitten" sehr geistesgegenwärtig beantwortet hat: Eine Frau sagte ihm, als sie in einer Sachfrage entgegengesetzte Positionen vertraten, sie wolle für ihn beten. Er dagegen: „Bitte nicht, denn ich habe das Gefühl, Sie wollen mich vor allem ändern!" Wenn Gott schon weiß, was wir brauchen, und wenn wir das Gebet brauchen, um in Gottes Namen zu verstehen, was für uns dran ist und wie wir dran sind, dann können wir nicht so gedankenlos plappern. So hat das Jesus gesagt.

Von Kurt Marti stammt die schöne Erklärung, was Fürbitte sei: „... eine Äußerung hilfloser Zärtlichkeit, der Wunsch, einen anderen Menschen und die Wege, die er geht, liebend zu meditieren." Dafür allerdings braucht man Zeit und Fantasie, und man sollte etwas von den Wegen dessen wissen, für den man betet.

Wie der Glaube erwachsen wird

„Einen Halt braucht man!" Davon war er überzeugt. Anders
könne er sein Leben nicht bewältigen. Mir fielen die Emaille-
Schilder ein, die früher in der Straßenbahn überm Fenster an-
geschraubt waren: „Suche beim Stehen festen Halt!" Daneben
das Bild einer Hand mit einer der Lederschlaufen, die hoch
oben baumelten – und die ich als Kind nie erreichen konnte.
„Endlich erwachsen werden, zu den Großen gehören!" Das war
damals mein größter Wunsch. Mich wieder so freuen können
wie damals, so intensiv spielen, dass alles andere keine Rolle
mehr spielt, so naiv und vertrauensvoll glauben – kann man
sich das als erwachsener Mensch wünschen? Wenn es nicht
verknüpft wäre mit der Unselbständigkeit, mit Ängsten und
Abhängigkeiten? Man kann aber nicht wie Alexander der Große diese Verknüpfung mit einem Schwerthieb zerschlagen und
nach dem Motto „Augen zu und durch!" alle Fragen und Zweifel wegmachen „und glauben blind", wie es sich im Lied „So
nimm denn meine Hände" nicht ganz zufällig auf „Kind" reimt.
Glaube ist für mich nicht eine Sache für unmündige, unaufge-
klärte Kinder. Er wächst, er verändert sich und muss sich mit
Zweifeln und in Krisen immer neu artikulieren und finden. Es
gibt da oben keine Halteschlaufe, die Kraft, aufrecht zu stehen,
muss sich in uns entwickeln. Die hält uns. Das gilt besonders
für Menschen mit Behinderung. Als solcher schreibe ich und
weiß deshalb aus eigener Erfahrung, dass der Zweifel, der zu
jedem Glauben gehört, bei uns oft viel radikaler fragt und auf-
tritt – aber dann auch sehr viel stärkere Veränderungen bewir-
ken kann. Dazu kommt die alltägliche Erfahrung mit Hilfsmit-
teln und Prothesen, Hörgeräten, Schienen, Sonderausstattungen

88

für Auto, Haushalt und Beruf. Sie helfen mehr oder weniger, aber sie engen auch ein, drücken, pfeifen und zeigen uns, vor allem wenn sie nicht funktionieren, wie abhängig wir sind. „Und doch ...", oder „trotzdem ...", sagt da der Dichter von Psalmen und atmet befreit auf. Glaube ist kein starrer Halt außen, viel eher eine Haltung, die sich in uns entwickelt.

Am Anfang steht das Paradies. Als Kinder waren wir anfänglich total auf unsere Eltern angewiesen. Sie haben uns körperlich und seelisch versorgt. Alle Eltern wissen allerdings auch, dass schon Säuglinge nicht nur die unschuldig empfangenden Engel sind. Wenn sie nicht kriegen, was sie wollen, schreien sie und fordern ihr Recht ein. Wenn die Eltern Abhilfe schaffen, versorgen, trösten, ist alles wieder gut, die Welt ist wieder in Ordnung, vielleicht sogar ein harmonisches Paradies.

In unserer religiösen Entwicklung ist Gott auf dieser Stufe wie die Eltern: groß und stark, einziger Halt, er gibt alles Gute, tröstet, beschützt und hilft, – und wir schreien, wenn wir nicht bekommen, was wir wollen: „Wie kann Gott das zulassen?!" oder: „Warum gerade ich?!"

Wir bleiben aber keine Kinder. Wir merken, dass die Eltern nicht allmächtig sind. Ängstlich oder trotzig, von den Eltern ermutigt (aber bitte nicht zu sehr!) oder gebremst lernen wir, eigene Schritte zu machen, wir üben den aufrechten Gang, für uns selbst zu sorgen, selbständig zu denken, Verantwortung für uns zu übernehmen, und werden so hoffentlich einigermaßen erwachsen.

Das „Paradies" der Kindheit (wenn es das denn wirklich war) liegt hinter uns. Das geht selten ohne Kämpfe. Im Inneren streiten die Angst vor der Einsamkeit des Kindes, das sich von den

Eltern trennt, mit der Angst vor dem Steckenbleiben in kindlicher Abhängigkeit. Je besser die Verbindung zu den Eltern am Anfang war, je mehr Vertrauen da gewachsen ist, umso besser gelingt der Schritt nach vorne. Wächst der Glaube mit? Viele Menschen sind stolz auf die technischen und wissenschaftlichen Fortschritte unserer westlichen Zivilisation, fahren Auto, benützen elektrische Geräte, gehen zum Arzt, wenn sie krank sind, vertrauen dem Wetterbericht und fliegen mit großen Düsen-Jets in den Urlaub – aber gleichzeitig halten sie an dem Gott fest, der „Wolken, Luft und Winden gibt Wege, Lauf und Bahn". Der Gott, der alles in der Hand hat, der für kleine und große Schmerzen als Heiler und bei jedem einzelnen Menschen für dessen Wohlergehen zuständig ist, ist wohl eine kindliche Wunschvorstellung. Ein Kind kann in seiner Not beten: „Lieber Gott, mach, dass mein Meerschweinchen nicht stirbt und dass sich meine Eltern nicht scheiden lassen!" Die erwachsenen Eltern müssen selbst entscheiden, ob sie zusammenbleiben wollen, und überlegen, was ihrem Kind mehr schadet: ihre ständigen Streitereien oder ein anständiges Beenden einer kaputten Beziehung. In solchen kleinen oder großen Fragen ordnen sich unerwachsene Menschen gerne einer Autorität unter, die ihnen die Entscheidung abnimmt: „Mein Vater hat gesagt …" – oder: „… in der Bibel steht aber …!" Damit schieben sie die Verantwortung (und später dann die Schuld) anderen in die Schuhe. Immanuel Kant hat das so beschrieben: „Habe ich ein Buch, das für mich Verstand hat, einen Seelsorger, der für mich Gewissen hat, … so brauche ich mich ja nicht selbst zu bemühen, wenn ich nur bezahlen kann …" Aber der Preis ist hoch: Glücklich – in der Bibel würde man sagen: selig – wird man damit nicht.

Nun besteht der Mensch aber nicht nur aus Verstand. Er hat auch Gefühle, hat Angst, hat Lust, kann sich freuen, kann vertrauen, hassen, lieben. Und Glauben heißt Vertrauen und Hoffen und Lieben und dabei den Verstand nicht auskuppeln. Der Glaube sagt: „Diese Welt ist von Gott geschaffen." Und er meint damit nicht, sie sei im Labor eines allmächtigen Baumeisters konstruiert worden. Kinder mögen es sich so vorstellen. Wir Erwachsenen wissen es anders. Aber wir spüren auch, dass wir uns nicht uns selbst verdanken; wir freuen uns über Schönes und sind traurig, wenn das uns geschenkte Leben nicht gelingt. Wir können auch über unseren Schatten springen und noch im Unglück aufrecht bleiben.

„Glauben heißt noch nicht wissen", lautet ein alter Spruch, mit dem der Glaube als hinterwäldlerisch und als Aberglaube vorgeführt werden soll. Ich meine dagegen, Glaube sei mehr als Wissen. Wissen kann ich Daten und Fakten. Aber $2 \times 2 = 4$ ist eigentlich nicht so furchtbar interessant. Die Frage, wer ich bin in dieser Welt, oder die Erfahrung, nicht mehr um meine Daseinsberechtigung und mein Ansehen kämpfen zu müssen, weil ich von innen heraus mich bejaht fühlen kann, lassen sich nicht so eindeutig beantworten. Aber je weniger ich mir Gott als ein irgendwo da draußen sitzendes Wesen vorstelle, das alle Fäden in der Hand hat, sondern eher als eine seelische Größe, die in mir wächst, um so näher ist er mir, und um so näher bin ich einer Antwort.

Erwachsener Glaube folgt der biblischen Einladung „Fürchte dich nicht!". Über 100 Mal steht sie dort – nicht als Vertröstung und Beruhigung, sondern als Ermutigung zur Begegnung mit der Wirklichkeit, die wir Gott nennen, und zur Überwindung der Angst, unser Glaube könnte kaputt gehen, wenn wir ihn (und uns) von kindlichen Vorstellungen befreien. Im Gegenteil: Er wird erwachsen und, wenn es gut geht, behält er die spielerische und unbefangene Freude, die den Kinderglauben so sympathisch gemacht hat.

Wunder?

Eine Bekannte trifft mich auf der Straße, spricht mich an: „Du hast doch diese unheilbare Krankheit, du musst unbedingt zum einem Heiler in Südamerika gehen, der heilt alles." Bevor sie mir die Adresse aufschreibt, versuche ich ihr zu sagen, dass ich mit meiner Krankheit leben kann, dass ich medizinisch gut versorgt bin, dass ich selbst einiges für mich tun kann und auch tue. Aber sie lässt nicht locker. „Du musst unbedingt dahin gehen. Er heilt mit Gebet und mit Gott. Du glaubst doch an Gott und an Wunder." Gewiss, ich glaube an Gott. Wunderheilungen dagegen bezweifle ich. Denn ich glaube nicht an den Gott, der einen Tumor wegmachen oder ein amputiertes Glied wieder nachwachsen lassen könnte. Dass ein Mensch leben kann mit Einschränkungen, manchmal sogar glücklich, dass ein Körper im Zusammenspiel mit der Seele und Menschen, die ihn dabei unterstützen, Krankheiten bewältigen kann – das halte ich freilich für ein Wunder. Das Leben ist wunderbar – auch ohne wunderhafte Heilungen.

Jeder gute Arzt weiß, dass nicht er heilt, sondern dass er allenfalls zur Heilung hilft. In unserer naturwissenschaftlich orientierten Medizin werden alternative Methoden gerne etwas überheblich gerade deshalb abgelehnt, weil sich die Auswirkungen der Beziehung zwischen Arzt, bzw. Heiler und Patient nicht so leicht nachweisen lassen wie die Wirkung einer Substanz. Man spricht dann so vom Placebo-Effekt, als wäre es unanständig, dass die liebevoll zugewandte und Vertrauen weckende „Droge Arzt" heilsam wirkt. Dass sie wirkt, ist tausendfach nachgewiesen. Klaus Michael Meyer-Abich bringt es in seiner Philosophie der Medizin auf den Punkt: „Placebos gelten im medizinischen Verständnis als etwas Paradoxes, nämlich als etwas an sich Unwirksames, das dennoch wirkt."[5] Offensichtlich könne also etwas pharmakologisch Unwirksames gesundheitlich wirksam sein. Er referiert dann eine Studie, die ergeben hat, dass die Wirksamkeit einer Therapie weit mehr vom begleitenden Bewusstsein der Patienten abhängt als von den medizinischen Wirkungen.

Das ist keineswegs neu. In der Psychotherapie weiß man das schon lange und arbeitet ganz bewusst damit. Nur ist der wissenschaftliche Nachweis nicht so einfach zu erbringen wie bei schulmedizinischen Behandlungsmethoden. Schon in den ersten Kapiteln der Apostelgeschichte wird in direktem Zusammenhang erzählt, wie die Gemeinde „einträchtig" und fast WG-mäßig solidarisch miteinander lebt und wie heilsam das ist. Insofern ist es wunderbar, aber kein Wunder.

Unter einem Wunder versteht man nämlich im Allgemeinen ein Ereignis, das sich mit den geltenden naturwissenschaftlichen Erkenntnissen nicht erklären lässt oder ihnen gar zuwiderläuft. Statt den Naturwissenschaften kann man auch den gesunden Menschenverstand nehmen, den „common sense". Ein Wunder, eine wunderhafte Heilung ist demnach etwas, was objektiv unmöglich ist – und das kann es nicht geben. Oder wir verstehen unter dem Begriff Wunder alles, was wunderbar ist und uns den erstaunten Ausruf entlockt: „Das gibt's doch nicht!" Und das gibt es oft, wenn man bereit ist zu staunen.

---

[5] Klaus Michael Meyer-Abich: „Was es bedeutet, gesund zu sein", S. 220

Es wundert mich nicht, dass der Begriff „Wunder" mit diesen beiden Bedeutungen „wunderhaft und wunderbar", „erstaunlich" und „unmöglich", unscharf wird. Wenn wir von Wundern im Neuen Testament reden, spielt uns diese Doppeldeutigkeit nicht selten einen Streich. Es wird berichtet, Jesus habe Wunder getan, z.B. Blinde geheilt. Das wird als „Zeichen" (heute würden wir sagen: als Symbol) oder als helfende und mitfühlende Tat („ihn jammerte") und immer verbunden mit Vertrauen und Glauben erzählt. Konnte er das ohne die medizinischen Möglichkeiten von heute? Für seine Zeitgenossen war das keine Frage. Deshalb ist von ihnen auch keine Antwort zu erwarten. Der „gesunde Menschenverstand" hielt damals Heilungen durch überirdische Kräfte nicht für eine Ausnahme, sondern für das einzig mögliche. „Ich bin der Herr, dein Arzt", heißt es in der Hebräischen Bibel. Und das ist so zu verstehen, dass für die Bibel alle Heilung von Gott kommt. Mehrmals heißt es, er sei es, der töte und der auch wieder lebendig mache.

Wer je eine schwere gesundheitliche Krise erlebt und überstanden hat, wird verstehen, dass man dies nicht mit nüchternen Worten beschreibt, sondern – je nach dem – Gott oder den Ärzten in den höchsten Tönen dankt – wunderbar! (Genauso extrem sind oft die Verdammungen, wenn jemandem nicht geholfen wurde oder Behandlungsfehler vorgekommen sind.) Ein Rest von der Erwartung, dass Ärzte übernatürliche Kräfte haben, scheint sich in unseren Seelen hartnäckig zu halten.

Das macht uns anfällig für Wundererwartungen, die doch meistens enttäuscht werden. Ich kenne zwar keine Statistik, aber mir sind in 15 Jahren als Klinikseelsorger und 10 Jahren als praktizierender Psychotherapeut keine Menschen begegnet, die durch ein Wunder geheilt worden wären. Es gehört wohl zur typischen Form neuzeitlicher Wundergeschichten, dass ein Dritter sie erzählt. Im amerikanischen Krimi werden solche „Beweise" mit dem Stempel versehen: „vom Hören-Sagen – abgelehnt!" Wer ein Wunder verspricht oder für sich selbst erwartet, kann damit bestenfalls in einer deprimierten Seele wieder ein wenig Hoffnung entfachen. Er riskiert aber auch die Enttäuschung und das schlechte, wenig heilsame Gefühl, von Gott oder dem Schicksal übergangen zu werden.

Man mag also von Wundern träumen und daraus Hoffnung schöpfen, man darf sich tragen lassen von Vertrauen und Glauben – in einem selber und stellvertretend von anderen –, und kann dem Unerwarteten leise die Hand hinhalten, aber man sollte besser nicht erwarten, dass Gott die Naturgesetze außer Kraft setzt, nur um meiner Gesundheit willen.

Anders hören

In einem Gottesdienst in der deutschsprachigen Schweiz, allerdings in richtigem Schweizerdeutsch, fühle ich mich als Schwerhöriger doppelt behindert: Obwohl ich Schwabe bin, ist Schweizerdeutsch eine Fremdsprache für mich, und in einer Kirche mit großem Nachhall habe ich keine Chance, akustisch etwas zu verstehen. So auch in dem Gottesdienst am Samstagabend im Fraumünster in Zürich. Schon oft bin ich dort gesessen und habe die Chagall-Fenster angeschaut. Der Jesaja im Prophetenfenster, dem ein Engel den Kopf zurechtsetzt, hat mich lange Zeit als inneres Bild begleitet. Jetzt schwanke ich hin und her zwischen dem Versuch, sitzen zu bleiben, die andern nicht zu stören, mich zu „benehmen", und dem immer stärker werdenden Impuls, trotzig, beleidigt und vorwurfsvoll zu gehen: Könnt ihr nicht dafür sorgen, dass ich höre?!

Die Predigt wird unterbrochen, eine Frau spielt Saxophon. Sie improvisiert und es scheint mir, sie nimmt in Variationen den einen Satz vom Anfang der Predigt auf, den ich mir inzwischen aus dem Gehörten und meiner Erinnerung „zusammengehört" habe: „Heile du mich, Herr, so werde ich heil, hilf mir, so ist mir geholfen!" Sie „singt" auf dem Saxophon die Sehnsucht nach Heilung und die Bitte, den Aufschrei, und mit einem lang ausgehaltenen Ton weckt sie Vertrauen in die Möglichkeit der Heilung.

Die Predigt geht weiter, aber ich höre jetzt anders. Nicht mehr gierig nach Wortfetzen jagend, um sie wie ein Puzzle sinnvoll zusammenzusetzen, sondern ich höre die Predigt als Musik, lasse mich vom Klang der Fragen und Antworten, des Zweifels und der Gewissheit anregen wie ein Klangkörper mit einer guten Resonanz.

Rückblickend weiß ich: Ich bin nicht geheilt worden. Aber es ist, als ob mir diesmal ein Engel die Gedanken entwirrt und den alten Hut abgenommen hätte. Ich höre inzwischen gewiss nicht besser, aber manchmal anders. Wenn es um Informationen geht oder wenn es auf jedes Wort ankommt, will ich nach wie vor auch jedes Wort genau verstehen. Wo es um andere Inhalte und um Beziehung geht, fühle ich mich besser, wenn ich dem Klang folge. Und merkwürdig: Mit weniger Anstrengung höre ich die Worte nicht schlechter, sondern eher besser.

Nachträglich fällt mir der Ratschlag einer jungen HNO-Ärztin ein, ich solle mit meinem Tinnitus so umgehen, wie ein Autofahrer mit den aufgeblendeten Scheinwerfern eines entgegenkommenden Autos: nicht gebannt in die Scheinwerfer schauen – die blenden –, sondern nebenhin auf den Straßenrand oder die weiße Fahrbahnmarkierung – die sind zwar im Gegenlicht nicht besonders gut zu sehen –, aber sie bieten Orientierung.

Sich verstecken

Hörgeräte, die fast unsichtbar sind, haben den Nachteil, dass man sie nicht sieht. Sie verkaufen sich aber besser, weil das viele für einen Vorteil halten. Und wie ist es wirklich? Es ist keine beliebige Geschmacksfrage, sondern eine Frage der Scham und eine Frage der Vernunft und deshalb heikel und schwierig.

Dass Menschen sich aus Scham verstecken, weiß man aus der Bibel, wo Adam hinterm Gebüsch sich Feigenblätter umbindet. Gott soll nicht sehen, was los ist. Das hätte den Vorteil, dass Adam nicht bestraft wird, und den Nachteil, dass die Geschichte, um die es geht, nicht geklärt werden kann.

Mit den Hörgeräten, den Verletzungen, mit den Prothesen und den hässlichen Narben ist es ganz ähnlich. Sie stigmatisieren, will heißen, sie machen einen kenntlich als „Krüppel“, als nicht vollkommenen Menschen, als einen, mit dem etwas nicht in Ordnung ist, der Hilfe braucht, mit dem man womöglich Mitleid haben muss. Das wollen aber die meisten Menschen nicht. Sie schämen sich. Lieber wollen sie gut aussehen und gut dastehen – oder wenigstens den Schein wahren. Frisöre, Bekleidungsgeschäfte, Sonnenstudios und Fitnesszentren leben davon.

Ein Arzt, den ich von einem gemeinsamen Engagement in einer Initiative gut kenne, sagte beiläufig zu mir, er brauche wohl auch bald Hörgeräte. „Aber was denken dann meine Patienten?“ Das klang sehr besorgt, und ich fragte deshalb, was er befürchte? „Die Patienten kommen doch zu mir, weil sie verstanden werden wollen und Hilfe erwarten. Wenn die merken, dass ich schlecht höre, denken sie: Der versteht uns doch gar nicht!" Ich war fassungslos, sagte dann aber doch, als die Schrecksekunde vorbei war: „Könntest du diese Logik vom Kopf wieder auf die Füße stellen? Das Hörgerät ‚sagt' zwar, dass du schlecht hörst, aber das ist erstens keine Schande! Und zweitens tust du etwas dagegen. Deine Hörgeräte signalisieren also auch: Der gibt sich Mühe, uns zu verstehen."

Wer sich versteckt, will etwas verbergen und – es klingt widersprüchlich und stimmt vielleicht gerade deshalb –, hofft gleichzeitig, entdeckt zu werden. Wie war das, wenn wir als Kinder beim Versteck-Spielen nicht gefunden wurden? Oder erst, wenn die andern gegangen waren? Man saß schließlich wie eingesperrt im Gefängnis des tollen Verstecks. Das Leben ist selten eindeutig, der Tod schon eher.

Eine Zen-Geschichte erzählt von drei Männern, die in einem See baden wollen. Da sie auf dem Weg der Erkenntnis schon sehr weit fortgeschritten sind, bleiben ihre Gewänder beim Ausziehen wie von selbst in der Luft stehen. Sie sehen, wie ein Fisch-Adler im Sturzflug auf den See zusticht und mit einem Fisch im Schnabel davonfliegt. „Böser Adler!", entfährt es dem ersten, und seine Gewänder fallen auf den Boden. Dem zweiten geht es gleich. Er hat gerufen: „Armer Fisch!" Der dritte steigt aus dem Wasser mit den Worten: „Fressen und gefressen werden – so ist das Leben." Da legen sich seine Gewänder wie von selbst wieder um diesen weisen Mann.

Wenigsten ansatzweise und manchmal müsste diese Haltung auch gegenüber unseren Behinderungen möglich sein. Es stimmt beides: Wir wollen die Mängel kaschieren, und wir wollen mit unserer Fähigkeit gesehen werden, mit Hindernissen zu leben. Das Eindeutige „nichts als" und „nur so" ist eben meistens auch einseitig. Beides gehört zu mir: die aktive Auseinandersetzung, notfalls kämpferisch und aufklärend, und der Humor und die Toleranz, die zum Kompromiss bereit ist.

Man kann es fast körperlich spüren, wenn man innerlich einen Schritt zurückgeht, Abstand gewinnt und der Atem wieder freier strömt. Und dann geht wirklich manches wie von selbst.

Was bleibt

Älter werdend frage ich mich manchmal: Was bleibt? Was bleibt mir? Und dann auch: Was bleibt von mir? Paulus meint: Glaube, Liebe und Hoffnung. Also nicht: Kapital, Ehre, Wissen und all das, was vererbt oder in Nachrufen gelobt wird. Ist denn mit dem Tod nicht alles aus? Nein, nicht alles, sondern nur mein Leben.

Was bleibt? ist eine Krämerfrage, wenn es dabei in Wirklichkeit darum geht, den mich vernichtenden Tod oder die ihm vorausgehenden Abschiede zu negieren, indem ich Gewinn mache, den ich dann vergeblich in die nicht vorhandenen Taschen des letzten Hemdes stopfen will – ein letzter Versuch zur Saturiertheit.

Was bleibt? Jetzt schon immer weniger. Immer weniger Gesundheit, immer weniger Gleichaltrige, immer weniger Vitalität und bald auch immer weniger Geld, und ich fürchte, bald auch immer weniger Respekt und Achtung meiner Mitmenschen. Mein Wissen wird immer weniger gefragt sein. Meine Erfahrung ist für mich hilfreich und wertvoll; weitergeben lässt sie sich aber nur sehr bedingt. Wenn ich die abnehmende Bedeutung für andere überspiele, werde ich zur komischen Figur. Solange ich selber nichts davon merke, kann ich imaginäre Früchte meines früheren Werts pflücken. Diese Trauben sind zwar nicht süß, aber sie hängen in erreichbarer Höhe.

„Aber du lebst doch auch in deinen Kindern weiter – oder wenigstens etwas von dir", wird mir gesagt. Ja, ich denke, mit ihnen und in ihnen geht das Leben weiter: ihr Leben, nicht meines. Freilich haben wir beide teil am Leben überhaupt, dessen Träger wir alle sind. Das gilt auch für geistige oder gar

„geistliche" Kinder. Wir sollen und können sie freigeben, wenn es Zeit ist. Sonst verlieren wir sie zur Unzeit.

Glaube, Liebe und Hoffnung sind keine Sachwerte, sondern Glaube meint die Beziehung zu Gott, Liebe die zu den Mitmenschen und Hoffnung die zu mir.

Glaube, Liebe und Hoffnung bleiben. Glaube ist immer möglich, er wächst am Zweifel und ist einer der wenigen Begleiter in der Ausweglosigkeit. Hoffnung sieht immer noch darüber hinaus, und Liebe, die kein flüchtiges Gefühl ist, sondern tief in unserer Seele wurzelt, ist nach Meinung der Bibel stärker als der Tod. Aber sie bleiben nicht als mein Glaube, meine Liebe, meine Hoffnung, sondern als archetypische Größen, gleichsam als Götter, denen ich mich anvertrauen und ihnen „dienen" kann.

Das berühmte Bekenntnis des Rabbi Sussja „Man wird mich fragen: Warum bist du nicht Sussja gewesen?" fragt nicht, welcher moralische oder materielle Mehrwert am Schluss (übrig) bleibt, sondern, was jetzt ist, wer ich jetzt bin.

Also: Ich jetzt am PC sitzend, nach einem Sturz bei einem Spaziergang, bei dem nicht mehr passiert ist als ein wüstes Loch im Hosenbein und nicht weniger als eine weitere Erschütterung meines Gefühls, mich auf mich verlassen zu können. Und das ausgerechnet mitten in einem Gespräch mit meiner Frau über die Medikamente, die ich nehme, um leidlich beweglich zu bleiben und nicht noch öfter zu stürzen, die mich aber auch in puncto Hoffnung, Glauben und Liebe verändern: Nebenwirkungen, die allenfalls durch weitere Medikamente zu „beherrschen" wären, die dann wieder neue Nebenwirkungen hätten. Lieber Rabbi Sussja, so sympathisch mir deine Haltung ist, könntest du an meiner statt sagen, was das heißt, „Sussja zu sein"? Wer bin ich, wenn 20 mg einer Substanz meine Stimmung und meine Liebesfähigkeit, meine Kreativität und meinen Antrieb grundlegend verändern können? Und wie sollen ich und viele andere, denen es ähnlich geht, sagen können: „Der bin ich (nicht)" oder „So bin ich (nicht)"?

Es bleibt immer weniger. Und das heißt, dass auch über den Tod hinaus von „mir" immer weniger bleiben kann. Und ich setze bewusst hinzu: auch nicht bleiben muss. Dass ich wirklich der bin und als der lebe, der ich sein kann oder vielleicht auch sein darf, kann ich höchstens in seltenen Momenten sagen. Aber es ist doch ungeheuer entlastend und befreiend, nicht mehr in Michaels Waagschale legen zu müssen – als eben mich. Ich weiß nicht, was Michael (um im mythologischen Bild von Michael als dem Seelenwäger zu bleiben) dann mit dem macht, was Sussja oder ich bei ihm abgeben. Aber ich glaube, dass es dort gut aufgehoben ist. Vielleicht in der Art von Kompost, der sich aus verwelkten Pflanzen in neue fruchtbare Erde verwandelt. Das „Ich", innere Steuerungsinstanz und dadurch auch begrenzendes „Gefängnis", löst sich auf. Wir auf jeden Fall sind dann frei. Es bleibt kein Rest, „siehe, ich mache alles neu."

Wenn er meint, er werde nicht gefragt werden, warum er nicht Mose gewesen sei, sondern eben Sussja, dann nimmt Rabbi Sussja immer noch an, dass etwas von ihm bleibt. Er kann sich nicht ohne ein Ich denken – und ich mich nicht ohne mich. Dieser Stachel bleibt als der Wunsch, es möge von mir etwas bleiben, bis ich ihn loslasse. Was ich freiwillig loslasse, muss mir nicht genommen werden.

Je mehr ich darüber nachdenke, um so klarer wird mir, dass ich keine Antwort finden werde, die ohne Bilder auskommt, und dass viele Widersprüche und Paradoxien dazugehören. Am nächsten ist mir zur Zeit dieser Satz, der sich vor einiger Zeit in mir gebildet hat:

Wenn der Tod nach mir greift,
werde ich endlich loslassen können
und ewig gehalten sein.

Nachlese

Sinnend bleibe ich nach der Lektüre dieses Buches eine Weile sitzen. Vor mir ziehen die Erfahrungen meines Freundes und Kollegen Gottfried Lutz vorbei. Erst allmählich merke ich, dass ich traurig bin, dass ich das ganze Buch auf dem Hintergrund dieser Trauer las. Dabei ist es kein trauriges Buch, Gottfried ist tapfer, mutig, humorvoll, bisweilen sarkastisch, schreibt ohne zu klagen und wird nie sentimental. Er legt seine Erfahrung mit angeborener und erworbener Behinderung in geistiger Nüchternheit vor und das beeindruckt. Sein Buch lässt einen auch daran denken, dass der Autor mehr ist als seine Behinderungen: ein liebevoller Ehemann, Familienvater, kluger Theologe und begabter Psychotherapeut.

Doch zurück zum Traurigsein bei der Lektüre: Es war nicht nur die Trauer um meinen verstorbenen Sohn, der eine Behinderung hatte – das natürlich auch –, es war die allgemeine Trauer darüber, dass Leben „nicht aufgeht", im Dasein zwei und zwei nicht vier sind, unser Menschsein brüchig ist.

Als Motto zum Buch wählte Gottfried ein Zitat von Alfred Hrdlicka:

> „Mir fällt nichts ein,
> sondern etwas auf."

Behinderungen sind eng an die Frage Warum? geknüpft. Betroffene Angehörige, Mitmenschen, Mediziner und Therapeuten stellen und beantworten sie. Außer dem Mediziner, der eine notwendige Diagnose finden muss, geben andere manchmal haarsträubende Antworten. So meinte ein Psychotherapeut einmal, das Hinken seiner Patientin habe damit zu tun, dass sie keinen Standpunkt einnehmen könne. Dabei bedachte er nicht, dass Behinderung tief verunsichern kann und machte psychische Gründe dafür verantwortlich! – Eltern tun sich schwer mit dieser Frage. Auch ist es noch nicht so lange her, dass gesellschaftlich die Überzeugung vorherrschte, Behinderung sei eine Strafe Gottes.

Das Wort „Mir fällt nichts ein, sondern etwas auf" ist deshalb erfrischend und bringt Erleichterung. Warum es im Dasein „das" und „das" gibt – und damit meine ich nicht allein Behinderungen – ist doch letztlich nicht schlüssig zu beantworten. Angesichts des unendlichen Leids und der Tatsache, dass das Leben „nicht aufgeht", unsere Absichten dem Geschehen oft zuwiderlaufen, ist es angezeigt, Einfälle zum Warum und Wieso zu sichten, nüchtern zu reflektieren, einzugreifen oder einfach zu lassen und vor allem nicht aufzubauschen.

Und genau das hat Gottfried Lutz getan, Jahre- und Jahrzehnte lang. Allein und zusammen mit Andern hat er seine Behinderungen und ihre Wirkungen im Innen wie im Außen studiert. Das, was „auffällt" beschäftigte ihn, das was nach vorne weist, zog ihn an, zu spekulativen Gedanken ließ er sich nicht verleiten, dazu fiel ihm schlicht nichts ein.

Gottfried ist, um auf den Ausdruck im Titel „normal behindert" zurückzukommen, ein normaler Mensch geblieben mit seinen Stärken und Schwächen und schenkt den betroffenen und nicht betroffenen Lesern und Leserinnen Einblick in seine Erfahrungen.

Dazu vermittelt er uns eine Haltung gegenüber den körperlichen Bürden, die nicht allein beeindruckt, sondern wahrlich menschlich ist. Im Wissen um die Brüchigkeit unseres Menschseins schrieb Gottfried Lutz dagegen an, das Leben im Griff haben zu wollen. Verankert in einem religiösen Einverständnis mit den Gegebenheiten des Daseins und in einer unsentimentalen Annahme des Geschicks, ist es ihm ein Anliegen, das Auffällige achtsam zu betrachten, mit Humor zu nehmen und Leiden daran und Revolte dagegen auszusprechen. Er hat uns damit ein großes Geschenk gemacht. Wahres Menschsein ist aus Brüchigkeit und Beschränkungen erwachsen und hat in ein erfülltes und erfüllendes Leben gefunden.

Meilen, im September 2012   Dr. Kathrin Asper

Dank

Es gibt eine große Zahl von Menschen, die mein Leben wohl-
wollend begleitet und die mir geholfen haben, dieses Leben zu
schätzen.
In einem Lied zu singen nach der Melodie: „Die güldene Sonne
bringt Leben und Wonne" habe ich das so ausgedrückt:

I
Ich liebe das Leben
von Gott mir gegeben,
und geb' mich ihm hin;
mach' auf meine Hände
für Glück ohne Ende
mit heiterem Sinn.

Ich hab' manche Macken[6],
muss mich damit plagen;
oft sinkt mir der Mut.
Wenn Freunde dann sagen,
dass sie mich mit tragen,
tut mir das so gut.

Wir lachen und weinen,
die Sonne wird scheinen
sowohl hier wie da.
In Liebe und Freundschaft,
wird Gott für mich wahrhaft
lebendig und nah.

---

[6] von makkah (hebr.): Schlag, Wunde, Plage

Aus dem Kreis dieser Freundinnen, Freunde und Menschen, die mich begleitet haben, möchte ich – neben meiner Familie – besonders nennen:

Dr. Kathrin Asper, Dora Ballbach, Gerlinde Barwig, Ingrid und Hans Martin Breuning, Irene Brückner, Christian und Marie-Luise Buchholz, Dr. Robert Bundt, Dorothee Burgenmeister, Kristin und Ernst (†) Class, Ludwig von Dobeneck (†), Wolfgang Döring, Paul Erdmann, Bärbel und Klaus Fader, Monika Feldhahn, Prof. Uwe Gerber, Armin Grob, Dr. Richard Hermann (†), Prof. Eckard und Andreas Hoffmann, Ulrich Honecker, Dr. Susanne Hürlimann, Walter Kaiser, Waltraud Kies-Haag, Hans-Georg Kimmerle, Karl-Robert Kohn (†), Engel und Dr. Gerhard Kolb, Claudia und Eberhard Lempp, Martina Link, Renate Pantle, Dr. Klaus-Dieter Platsch, Dr. Ina Praetorius, Brigitte und Frieder Rebstock, Manfred Reyle (†), Walter Scheck, Dr. Reinhard Schreck (†), Dr. Iris Schüle, Beatrice Schurr, Dr. Theo Seifert, Dorothee Sievering-Schmidt, Judith und Frieder Spaeth, Almut Steiner, Werner Stepanek, Fritz Waaser, Paula Weber, Gisela und Dr. Jörg Wiechec-Zischke